GOUVERNEMENT GÉNÉRAL DE L'ALGÉRIE

DIRECTION DE L'AGRICULTURE, DU COMMERCE
ET DE LA COLONISATION

LA COLONISATION
EN ALGÉRIE

1830-1921

UN VILLAGE DE COLONISATION

ALGER
IMPRIMERIE ADMINISTRATIVE ÉMILE PFISTER

1922

GOUVERNEMENT GÉNÉRAL DE L'ALGÉRIE

DIRECTION DE L'AGRICULTURE, DU COMMERCE
ET DE LA COLONISATION

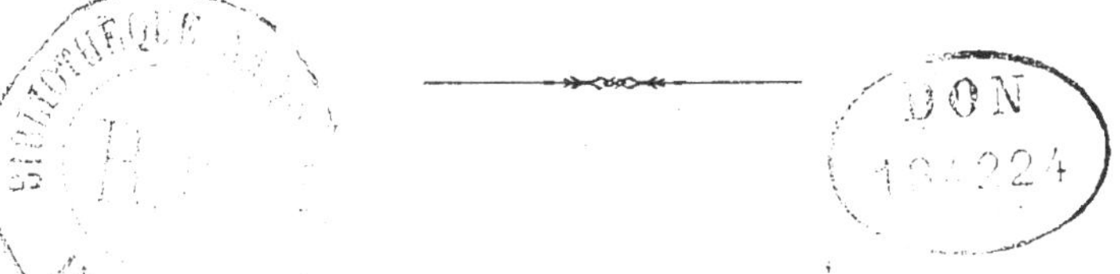

LA COLONISATION
EN ALGÉRIE

1830-1921

ALGER
IMPRIMERIE ADMINISTRATIVE ÉMILE PFISTER
9, Rue Trollier
1922

LA COLONISATION EN ALGÉRIE

(1830-1921)

Ce qu'est l'Algérie

L'Algérie, on l'a souvent dit, est moins une colonie que le prolongement, au delà de la Méditerranée, de la France elle-même.

Cette assertion paraît maintenant naturelle à tous ceux qui connaissent l'Algérie d'aujourd'hui, transformée par l'énergie créatrice et l'indomptable persévérance des vaillantes générations de Français qui, depuis bientôt cent ans, se sont succédé sur cette terre. Malgré des difficultés sans nombre et de tout ordre, malgré des échecs quelquefois cruels, ils y ont apporté et y maintiennent la langue, les traditions et l'esprit de la mère-patrie. Grâce à leur effort obstiné, l'Algérie offre aujourd'hui à l'admiration de ses visiteurs ses riches plaines semées de fermes florissantes ; ses grandes villes modernes à l'activité fiévreuse où se mêlent, à un élément indigène transformé, les races européennes les plus diverses ; ses ports bien aménagés et fréquentés par de nombreux navires de toutes nationalités ; ses 4.000 kilomètres de voies ferrées dont le trafic ne cesse de se développer ; ses 40.000 kilomètres de routes qui la sillonnent en tous sens, ouvrant chaque année à la pénétration européenne de nouvelles régions restées pendant de longs siècles improductives.

L'importance de notre future province africaine et les avantages immenses, tant politiques qu'économiques, que devait en retirer la France ne furent pas compris dès le début de la conquête. En 1830, en effet, après l'occupation d'Alger par les troupes du général de Bourmont, l'opinion publique comme les Chambres hésitaient devant les frais d'une expédition qui paraissait devoir être longue et les complications diplomatiques qu'elle menaçait de soulever. Ces considérations ajoutées aux difficultés, d'ailleurs réelles, de la conquête d'un pays inconnu, habité par une race belliqueuse, fanatique et jalouse de son indépendance, faillirent même l'emporter et déterminer l'évacuation d'Alger. Bugeaud lui-même, à ce moment, se prononça dans ce sens. Ce n'est que pour éviter une reculade par trop évidente que le Gouvernement de Juillet se décida, presque à regret, pour l'occupation restreinte de quelques points de la côte (Alger-Bône-Oran). Les attaques incessantes des arabes, la nécessité de se défendre et de sauvegarder l'honneur du drapeau firent le reste ; il fallut attaquer pour se maintenir : les événements eux-mêmes décidèrent de la conquête de l'Algérie.

Point n'est besoin actuellement de justifier cette politique. La France n'a jamais eu et n'aura jamais à regretter les sacrifices qu'elle s'est imposés pour s'assurer la possession de ce pays qui lui a valu depuis longtemps un surcroît de puissance et d'influence ; qui lui a apporté, au cours de la dernière guerre mondiale, le concours précieux de ses ressources matérielles et de ses soldats et qui contribuera de plus en plus à son rayonnement dans le monde.

Proximité de l'Algérie

« De toutes les grandes colonies de peuplement « pas une n'est en effet, comme l'Algérie, à proxi- « mité de la Mère-Patrie. Distante de 7 à 900 kilo- « mètres des côtes de France, l'Algérie n'a jamais « été à plus de quelques jours, elle n'est pas aujour- « d'hui à plus de 30 heures de la Métropole (1). Rien « n'est donc si facile que d'aller en Algérie ; rien « n'est si facile non plus que d'en revenir. De telles « conditions facilitent bien des initiatives, détendent « les inquiétudes, émoussent l'angoisse des sépara- « tions ; elles autorisent un voyage d'études, elles « laissent toujours ouverte la porte du retour. » (2)

« Le dépaysement est presque aussi faible que le « voyage est court ; le bassin méditerranéen appa- « raît en effet comme remarquablement homogène. « Il y a bien plus de différence entre la Flandre et « la Provence qu'entre le Sud de la France et le « Nord de l'Afrique ; le vigneron de l'Aude peut se « croire chez lui dans la Mitidja ou dans la plaine « de Bône : le paysan bas-alpin retrouve son décor « familier en Kabylie comme le laboureur du Haut- « Languedoc sur les plateaux de Bel-Abbès ou de « Sétif ; les uns et les autres n'ont presque rien à

(1) Certains paquebots font même la traversée de Marseille-Alger en 24 heures.

(2) De Peyerimhoff : *Enquête sur la colonisation officielle* (p. 8).

« changer à leur vie, et, pour reprendre leurs cultu-
« res traditionnelles, ils ont à leur disposition de la
« terre à plus bas prix et une bonne main d'œuvre,
« tandis qu'il gardent ce même marché métropoli-
« tain privilégié et fortement défendu (1).

Les ressources économiques de l'Algérie

Les espérances fondées sur l'avenir économique de l'Algérie n'ont pas été déçues. Notre grande colonie est en effet un pays esssentiellement agricole mais également susceptible, grâce aux richesses de son sous-sol, d'un développement industriel considérable ; les céréales, la vigne dans le Tell, l'élevage sur les Hauts-Plateaux en constituent les principales ressources. L'exploitation intensive de ses mines et de ses phosphates va permettre de donner à certaines régions un développement inespéré et de fournir à l'industrie nationale la matière première, à l'agriculture métropolitaine les engrais qui leur sont nécessaires. L'extension patiemment poursuivie de son réseau de voies ferrées et de ses routes favorisera l'écoulement rapide de ces produits vers des ports nombreux dont certains parfaitement abrités et pourvus d'un outillage répondant aux besoins du trafic. Le port d'Alger, notamment, actuellement le second des ports français pour l'importance du tonnage, est en voie de complète transformation et ne tardera pas à devenir l'égal des plus grands ports méditerranéens (2).

(1) De Peyerimoff. Op. cit. p. 8.

(2) Le montant des travaux actuellement projetés s'élève à 180.500.000 francs.

L'essor économique de l'Algérie, facilité par la loi du 19 décembre 1900 qui a doté la colonie de l'autonomie financière, a donc suivi une progression constante. Deux emprunts, le premier de 50 millions, le second de 175 millions, ont éte réalisés en vue principalement de l'exécution et du développement du réseau des chemins de fer et des routes. La réalisation récemment décidée d'un troisième emprunt, de 1.600 millions, va permettre au pays de compléter son outillage économique et d'atteindre son plein épanouissement.

La Colonisation de l'Algérie : Ses buts principaux

Mais si importante qu'elle soit, la réalisation de ce programme ne suffirait pas pour rendre à l'Algérie la prospérité qu'elle a connue dans l'antiquité. Ce qu'il importe par dessus tout c'est de poursuivre opiniâtrement la mise en valeur du sol. De grandes étendues sont encore incultes ou aux mains des indigènes qui ne les exploitent que d'une manière superficielle, selon des méthodes primitives et au moyen d'un outillage rudimentaire.

Il faut rendre à la vie les terres incultes, moderniser l'exploitation de celles détenues par les indigènes, et améliorer en général les cultures par la sélection des semences, et l'adaptation des espèces aux conditions du sol et du climat de chaque région, de façon à obtenir par un travail rationnel un rendement intensif. Et, pour cela, il est nécessaire de faire l'éducation de la population indigène : l'amener perfectionner progressivement ses méthodes culturales, lui apprendre à se servir de notre outillage et l'initier aux progrès de la science agricole afin de lui permettre de tirer de la terre le meilleur rendement. Cette éducation économique, qui se fera surtout par l'exemple admirable donné par nos colons, doit être la première étape de notre mission civilisatrice, celle qui doit *nécessairement* précéder l'éducation sociale et politique, destinée à réaliser un jour, sinon l'assimilation complète, du moins la collaboration étroite et l'entente loyale des deux races : « De sujets vaincus et résignés, il nous appartient de faire des associés satisfaits, confiants et dont les progrès seront à notre bénéfice matériel et moral (1) ».

Peuplement National

Un autre problème non moins important se pose : celui du maintien dans le pays, de la prédominance de l'élément français.

Si l'on se reporte en effet aux résultats du recensement de la population de l'Algérie (Algérie du Nord et Territoires du Sud) en 1921, on s'aperçoit que, sur un chiffre global de 5.802.464 individus on compte :

	TERRITOIRES du NORD	TERRITOIRES du SUD	TOTAUX
Français	628.083	5.066	633.149
Etrangers	195.380	1.545	196.925
Indigènes sujets français	4.401.863	537.741	4.939.604
Indigènes étrangers	31.094	1.692	32.786

(1) DE PEYERIMOFF op. cit. p. 206

Les chiffres fixant la population européenne de la colonie paraissent à première vue des plus favorables à l'élément national. Il ne faut pas oublier cependant que sont compris dans ce chiffre, non seulement les français d'origine venus de la Métropole ou nés en Algérie de parents français, mais encore les européens naturalisés et surtout ceux jouissant de la nationalité française en vertu de la loi du 26 juin 1889. Or, il est certain qu'un fort contingent, parmi les 633.149 français est d'origine étrangère (1). En 1899 déjà, l'on constatait que les non français d'origine formaient 26 °/₀ du corps électoral (2). Cette proportion a certainement augmenté depuis : « Tous les ans il naît en Algérie 8.500 étrangers que la loi déclare français. Si l'on y joint les naturalisés, l'on obtient un apport annuel de 10.000 néo-français environ. » Il y a là un véritable danger pour le maintien de notre influence dans le pays. A l'immigration étrangère, à la natalité supérieure des Espagnols et des Italiens dont le courant d'émigration en Algérie est très marqué, la France n'oppose qu'un insuffisant envoi de ses enfants, et si les

(1) Les chiffres du recensement de 1911 étaient les suivants :

	TERRITOIRES DU NORD	TERRITOIRES DU SUD	TOTAUX
Français	558.572	4.359	562.931
Etrangers	187.938	1.174	189.112
Indigènes sujets français	4.232.114	479.162	4.711.276
Indigènes étrangers	27.360	1.890	29.250

Soit une augmentation par catégorie savoir :
Français 70.218 unités
Etrangers 7.813 unités
indigènes sujets français 228.328 unités
Indigènes étrangers 3.536 unités

(2) Discours du Gouverneur général Laferrière J.O. Chambre des députés Deb, 25 mai 1899 p. 1476.

Français d'Afrique ont une natalité plus élevée que les Métropolitains, elle est cependant fortement distancée par la natalité des étrangers (1).

Dans son remarquable rapport sur les résultats de la Colonisation officielle en 1895 M. de Peyerimhoff, appelant l'attention du Gouvernement sur ce point capital, s'exprimait en ces termes :

« Quoi qu'il en doive être, le nouveau peuple est « dans sa période de formation ; il a la brève et « unique plasticité des organismes jeunes ; sa masse « n'est pas telle qu'on ne puisse agir fortement sur « sa composition et ses allures ; les unes et les autres, « l'expérience le prouve, seront fixées dans quel- « ques dizaines d'années et il sera trop tard pour y « rien faire. Les traits caractéristiques du citoyen « de l'Union ont été arrêtés vers 1820 sous l'in- « fluence de cette faible et spasmodique émigration « anglaise qui s'est effacée, depuis, devant l'afflux « énorme des immigrants allemands, celtes, slaves « et même latins, masses impuissantes et qui s'ab- « sorbent dans le grand peuple désormais adulte. « Rien n'a pu empêcher les 60.000 Français de la « nouvelle France, si mal recrutés, si peu soutenus, « mais installés à l'heure opportune, de sauvegar- « der intacte et de léguer à plus de deux millions de « canadiens leur originalité ethnique : les flots de « l'immigration anglaise les ont recouverts sans les « réduire, comme ils recouvrent aujourd'hui inuti- « lement les Afrikanders franco-hollandais. Qu'on « n'y ferme pas les yeux : Pendant un temps encore

(1) LARCHER. *Traité de Législation Algérienne*, tome I p. 96.

« court, l'Etat dispose, dans une certaine mesure, « du mélange qui bouillonne sous ses yeux, et qui, « dans un demi-siècle peut-être, et à coup sûr dans « un siècle, sera définitivement cristallisé. »

Indépendamment de la nécessité de maintenir, en face d'une population indigène en accroissement continu, un fort contingent de nationaux, il faut donc — et de cela dépend l'avenir tout entier de la France en Algérie — assurer par un peuplement national intensif, la prédominance de l'esprit français. Cela nous permettra en même temps de résister au courant continu et sans cesse croissant de l'immigration étrangère et de préparer l'assimilation de nos sujets indigènes.

Mise en valeur du sol, peuplement national de la Colonie, tel est donc le double but de la Colonisation.

Colonisation privée — Colonisation officielle

La Colonisation d'un pays peut se faire de deux façons :

L'Etat peut abandonner ce soin à l'initiative individuelle, à l'émigration spontanée que la surpopulation de la Métropole ou même des crises économiques ou politiques peuvent favoriser parfois : c'est *la Colonisation privée.*

Il peut aussi se substituer à cette action individuelle, provoquer lui-même l'immigration nécessaire en attirant dans la Colonie, au moyen d'avantages spéciaux — consistant le plus souvent en cessions gratuites de terres ou en facilités d'acquisition — les éléments nationaux indispensables et en les maintenant dans le pays, notamment par des obligations de résidence : c'est *la Colonisation officielle.*

Pour de multiples raisons sur lesquelles il est inutile de s'étendre, l'on ne peut attendre de l'émigration française spontanée un appoint suffisant : « La France ne souffre pas de la surpopulation, surtout depuis la guerre, et sa population ne s'accroît que très lentement. Elle n'est pas exposée à des crises économiques comparables à celles qui jadis favorisèrent l'énorme émigration anglaise et irlandaise dans l'Amérique du Nord et qui expliquent encore de nos jours l'émigration italienne. »

D'autre part « la répartition est si heureuse entre « les différentes branches de l'activité économique, « le mécanisme de la production si bien articulé, « que les crises ne sauraient présenter la généralité « nécessaire pour troubler gravement la vie de la « nation. La diversité des cultures et des climats « fait, en effet, qu'aucun désastre agricole ne peut « avoir l'importance d'une mauvaise récolte de « pommes de terres en Irlande ou de blé en Russie. « Cet équilibre harmonieux qui est la caractéristi- « que la plus frappante de la vie économique fran- « çaise est d'ailleurs plus favorable à l'individu « qu'à la nation ; il n'excite pas les initiatives, il ne « pousse pas à l'effort extérieur, tandis que la dou- « ceur de l'existence détend les énergies et que la di- « vision des héritages, laissant à chacun des enfants « les moyens d'une vie médiocre, n'applique à aucun « d'eux l'aiguillon puissant de la nécessité (1) ».

(1) De Peyerimhoff, op. cite page 12.

Nécessité d'une intervention de l'Etat

Aussi bien, en l'état actuel de la propriété foncière en Algérie, de l'isolement de certaines régions où l'élément européen est en nombre infime et où les voies de communication ne sont pas encore ouvertes en nombre suffisant, la colonisation est-elle rebutée par les obstacles souvent insurmontables qu'elle rencontre et est-elle vouée, livrée à ses seules forces, à un échec certain : l'incertitude des droits de propriété musulmans et les difficultés que présente, par suite, l'acquisition des terres indigènes par voie d'enquête partielle — procédure destinée à donner à la propriété une origine certaine et à sauvegarder par conséquent les droits des acquéreurs — sont autant de problèmes insolubles pour des immigrants. L'effort individuel ne dispose d'autre part que de moyens trop limités pour faire œuvre durable et suffisante. A lui seul, le colon serait impuissant à assurer sa propre sécurité et celle de ses récoltes, à établir les voies de communication nécessaires à ses transports, à se procurer l'eau indispensable à son alimentation et à l'irrigation de ses terres et encore moins à exécuter les travaux de drainage et d'assainissement qui s'imposent souvent. Il faut enfin que ce colon ait à proximité de son exploitation le village qui lui permettra de se ravitailler et de vendre ses produits, d'instruire ses enfants, de trouver les soins médicaux et, le cas échéant, la protection dont il peut avoir besoin.

C'est pourquoi l'Etat doit nécessairement organiser le peuplement et la vie économique des régions à ouvrir à l'influence européenne, canaliser et soutenir les efforts particuliers, imposer enfin à la colonisation du pays une marche progressive suivant un plan méthodique préalablement fixé. La Colonisation officielle doit en un mot, *en secondant l'initiative individuelle, préparer la voie à la colonisation privée.*

Il s'ensuit que, par la force même des choses et à mesure que la colonie devient plus prospère, l'ingérence de l'Etat en matière de colonisation doit se faire moins active et même disparaître complètement le jour ou elle est devenue inutile.

Ce jour est-il arrivé pour l'Algérie ? Bien que la mise en valeur de la terre algérienne ait fait d'immenses progrès, et que nos colons soient solidement installés dans les régions les plus favorables, le moment ne semble pourtant pas encore venu d'abandonner à la seule initiative des particuliers le soin de parfaire l'œuvre grandiose que s'est imposée la France dans ce pays. Bien des régions attendent encore, pour être fécondées, les voies de communication qui permettront aux colons de s'y implanter définitivement. La colonisation officielle doit porter son effort sur ces territoires et son action se trouvera facilitée le jour où la propriété privée et le domaine de l'Etat auront été délimités dans les tribus où cette opération reste encore à faire, et surtout, lorsqu'une législation foncière plus favorable permettra d'obtenir la francisation rapide des immenses territoires encore régis par la loi musulmane ou les coutumes indigènes et qui ne peuvent faire l'objet de transactions qu'après d'interminables procédures.

HISTORIQUE DE LA COLONISATION OFFICIELLE

Si l'on néglige les quelques tentatives de colonisation qui eurent lieu dès le début de la conquête et dont les résultats furent pour la plupart anéantis par l'insurrection, le premier effort de la colonisation officielle est marqué par un arrêté du Maréchal Bugeaud en date du 18 avril 1841. La théorie ébauchée dès 1838 par le Maréchal s'inspira de la nécessité de mener de front la pacification du pays et son peuplement, en assurant l'un par l'autre. *Ce fut la période de la colonisation militaire.*

Aux termes de l'arrêté de 1841, le colon recevait un titre provisoire de concession qui déterminait les conditions à remplir et fixait un délai à l'expiration duquel, si le bénéficiaire avait satisfait à ses obligations, un titre définitif lui était délivré. Jusque là il ne pouvait céder son droit qu'à des personnes agréées par l'administration. Il ne lui était permis d'hypothéquer son bien que pour des dépenses de construction ou de travaux agricoles, et sous réserve d'une autorisation préalable. Plus tard (ordonnance du 21 juillet 1845) les colons furent tenus d'acquitter à l'Etat une redevance annuelle et perpétuelle. Puis l'ordonnance du 1er septembre 1847 exigea d'eux un cautionnement et une redevance annuelle de 3 francs par hectare.

Un plan de colonisation demandé au Directeur de l'Intérieur, Comte Guyot, et fourni en 1842 révèle l'esprit dans lequel fut conçu ce premier essai de colonisation officielle : « On n'y parle que de sys- « tèmes intérieur et extérieur, de points d'appui « à asseoir, de trouées à boucher. On y prévoit des « enceintes, des tours défensives, des portes et des « ponts pour chaque village. Ceux-ci sont au nom- « bre de seize, répartis en trois zones qui occupent « tout le Sahel : la zone du Fahs destinée à couvrir « directement Alger, celle de Staouéli, celle de « Douéra. Autour de Koléa et de Blida, reliés par « une ligne continue de fossés et de parapets qui « prennent en écharpe la Mitidja, cinq autres cen- « tres complètent le projet ». Aussitôt installés, les colons devenaient des miliciens, recevaient des armes et devaient, pour la défense locale, répondre aux appels de l'autorité militaire (1).

Bugeaud associe d'autre part l'armée à l'œuvre de la colonisation, il lui confie la construction des routes, l'exécution des plantations ; une exploitation agricole, entretenue par les soldats, est créée auprès de chacun des camps permanents. Les condamnés militaires sont chargés de l'édification des maisons et du défrichement des terres dans certains centres (Saint-Ferdinand, Sainte-Amélie). Puis le système se généralise, l'armée construit les villages, l'administration civile ne s'occupant plus que de leur peuplement après achèvement des travaux. Les résultats sont encourageants : 14 centres sont créés en 1843, 17 en 1844 ; le Sahel, la Mitidja d'abord, puis la vallée de Philippeville, les plaines de Bône et d'Oran se peuplent de colons.

(1) De Peyerimhoff. op. cité p. 21.

Ce système n'allait pourtant pas sans quelqués déboires. Trop souvent, le colon, après bien des efforts malheureux, se voyait frappé de déchéance et dépossédé par l'administration. Son crédit était insuffisant, les créanciers étant dans l'impossibilité de pratiquer une saisie et leur gage disparaissant d'autre part si la déchéance du concessionnaire venait à être prononcée. Enfin les colons en général se plaignaient de la multiplicité des formalités et des obligations trop dures qui leur étaient imposées.

Bugeaud ne se rebuta pourtant pas. Son but était de généraliser le système de la colonisation militaire. En 1847, il proposa à cet effet au Gouvernement un vaste plan d'ensemble conçu d'après les principes suivants : à la colonisation civile le soin d'occuper progressivement les territoires définitivement conquis et pacifiés ; au delà, pour préparer son installation et, au besoin, pour protéger ses entreprises, des colonies militaires constituées par des sous-officiers et des soldats ayant encore trois ans de service à accomplir et restant soumis jusqu'à leur libération à la discipline militaire. Ces militaires devaient recevoir jusque là leur solde, des vivres, une maison sommairement meublée, du bétail, des instruments, des semences. Un congé de 6 mois leur était accordé pour se marier, pendant lequel les autres devaient terminer le village et commencer à défricher. Le Maréchal demandait pour réaliser ce plan un crédit de trois millions.

Ce projet, auquel l'opinion locale était hostile et le Gouvernement médiocrement favorable, échoua devant la Chambre (1). Bugeaud démissionna.

(1) Mars 1847.

La crise économique et politique de 1848 permit au Gouvernement français de tenter un nouvel essai. On décida de transporter en Algérie les 100.000 ouvriers parisiens manquant de travail dans les ateliers nationaux. Ils devaient constituer des colonies agricoles, chaque colon recevant une certaine superficie de terre (2 à 20 hectares) une maison, des instruments, des semences et même des vivres. Il vint en tout 13.500 colons, pour la plupart ignorant tout des travaux de la terre. Le résultat fut naturellement des plus médiocres et une Commission nommée par le Ministre de la Guerre et envoyée sur place jugea qu'il était inutile de poursuivre la tentative (1).

La période de 1841-1851 fut pourtant, eu égard aux moyens dont on disposait, l'une des plus remarquables au point de vue des résultats du peuplement. De 1841 à 1851, en effet, l'Administration créa 126 villes ou villages et allotit 15.000 concessions d'une étendue globale de 115.000 hectares de terres. La population française atteignit le chiffre de 65.497 personnes, alors que l'élément étranger groupait 65.233 individus.

Période 1851-1860

L'échec des colonies agricoles fut en général attribué au système de Bugeaud. On opposa aux obligations nombreuses imposées aux colons algériens la liberté qui caractérisait la politique de peuplement dans les colonies anglaises où les terres

(1) Rapport de M. Raybaud (Moniteur du 5 juillet 1850 p. 2289).

étaient vendues sans condition aucune au nouvel arrivant avec entière faculté de disposer comme bon lui semblait de son attribution. D'autre part l'Administration ne pouvait songer à supporter plus longtemps les charges qu'elle s'imposait pour l'entretien et même pour la nourriture des concessionnaires.

C'est sous l'influence de ces idées qu'intervint le décret du 26 avril 1851. Il marque une orientation très nette dans le sens d'une liberté absolue accordée aux colons dès leur mise en possession : « Pas « de concessions provisoires : l'acte de concession « confère la propriété immédiate de l'immeuble « concédé, à charge de l'accomplissement des con- « ditions prescrites ; le concessionnaire peut hypo- « théquer ou transmettre, à titre onéreux ou gratuit, « tout ou partie de ses terres ; mais elles emportent « avec elles les obligations qu'il a assumées. A l'ex- « piration du délai fixé, leur accomplissement est « vérifié contradictoirement ; s'il est constaté, l'im- « meuble est affranchi de la condition résolutoire ; « au cas contraire, l'Etat reprend, quitte de toutes « charges, l'immeuble concédé » (1). Pour améliorer d'autre part le crédit du colon, le décret admettait ce qu'on appela les *hypothèques demi-fermes :* au cas de déchéance et si des améliorations étaient constatées sur la propriété, celle-ci était mise en adjudication et les droits réels qui la grevaient étaient transportés sur le prix. Le crédit était donc l'œuvre du colon lui-même.

(1) De Peyerimhoff. op. cité, p. 31.

En résumé, sous ce nouveau régime, le colon n'est soumis à aucune condition préalable de ressources, de capacité, de nationalité (1) ; il peut immédiatement et comme bon lui semble disposer de sa propriété, mais il ne doit, par contre, attendre de l'Etat ni avance ni secours.

Malgré les imperfections évidentes de ce texte qui permettait notamment à des colons d'obtenir une attribution sans justifier au préalable des capacités financières et agricoles nécessaires, grâce à l'élan donné et à la vigoureuse impulsion imprimée par le Maréchal Randon, colonisateur ardent et convaincu, la colonisation se multiplie, favorisée d'ailleurs par l'application d'une nouvelle législation douanière. La loi du 4 février 1851 ouvre, en effet, le marché métropolitain aux « produits naturels » de la colonie jusqu'ici assimilés aux produits étrangers et par conséquent soumis aux tarifs douaniers à leur entrée en France. Grâce à cette heureuse mesure, les terres augmentent de valeur, les capitaux affluent, les demandes de concession se font plus nombreuses. La colonisation de la Mitidja s'achève, l'expansion européenne remonte l'Oued-Djer à l'ouest d'Alger, atteint le Haut-Chéliff. En Oranie elle s'installe dans le Bas-Chéliff et le Dahra. Dans la province de Constantine, les plateaux de Sétif et de Constantine, la région de Guelma se peuplent peu à peu.

De 1851 à 1860, 85 centres sont créés et 250.000 hectares concédés. La population française passe de

(1) On peut se rendre compte du principe qui domine jusqu'ici la colonisation officielle en constatant qu'aucune condition de nationalité n'est exigée des immigrants, pas plus par l'arrêté ministériel du 18 avril 1841 que par le décret du 26 avril 1851 : Ce que l'on recherche avant tout, c'est moins le peuplement national que le peuplement *européen* du pays.

65.497 à 103.322 unités, accusant une augmentation de 58 °/₀ et la population étrangère de 65.233 à 76.330, soit un accroissement de 17 °/₀.

Période de 1860-1870

Jusqu'ici donc, la préférence a été donnée à la concession gratuite comme étant le moyen le plus efficace pour attirer les éléments européens indispensables. Mais à ce moment, et dès 1858, l'influence fâcheuse des idées impériales se fait sentir, et apporte une entrave sérieuse à l'œuvre de la colonisation officielle: Nommé ministre de l'Algérie, le Prince Napoléon veut « voir les citoyens cesser « de compter sur l'intervention et les faveurs de « l'Etat, mettre un légitime orgueil à se suffire à « eux-mêmes et fonder sur leur propre énergie le « succès de leurs entreprises » (1). D'autre part, le sénatus-consulte du 22 avril 1863 reconnaît les tribus indigènes propriétaires des territoires qu'elles occupent, privant ainsi définitivement le domaine de l'Etat de superficies considérables susceptibles, par leur situation et leur valeur culturale d'être affectées à la colonisation. Enfin un décret du 25 juillet 1860, répondant à l'état d'esprit des sphères officielles de Paris, abandonne presque complètement le système de la concession gratuite pour celui de la vente suivant la pratique alors suivie en Amérique. Le rapport qui précède le nouveau règlement insiste sur les avantages du système et notamment sur

(1) Discours de Limoges.

son extrême simplicité ; le prix payé, c'est pour le colon, l'absolue liberté. La vente des terres comprises dans les périmètres de colonisation a lieu sous trois formes différentes : vente à prix fixe, vente aux enchères, vente de gré à gré.

La vente à prix fixe est le mode normal d'aliénation. Le paiement a lieu par tiers. Le même individu peut acquérir plusieurs lots. Il n'est astreint à aucune condition de capacité ni de nationalité. Les indigènes eux-mêmes — et cela résulte logiquement des idées arabophiles de l'Empereur — peuvent acquérir.

Les terres voisines des villes sont vendues aux enchères. La vente de gré à gré n'intervient qu'en cas d'indivision, d'enclave ou de préemption légale. En ce qui concerne la concession, elle n'est maintenue qu'à titre exceptionnel pour des lots inférieurs à 30 hectares et avec, pour le concessionnaire, la seule obligation de bâtir.

Dans le but enfin de favoriser la mise en valeur du sol, le Gouvernement concède à des sociétés financières d'immenses étendues (20.000 hectares à la Société Génevoise de Sétif, 24.000 hectares à la Société de l'Habra et de la Macta, 100.000 hectares à la Société Générale Algérienne, 160.000 hectares de forêts à une trentaine de bénéficiaires). Ces libéralités, qui appauvrissent considérablement le domaine, n'ont, en ce qui concerne le peuplement, qu'une influence insignifiante.

Les résultats de ce système, sur lequel le Gouvernement fondait les plus grandes espérances, sont concluants : Les tentatives faites en vue de peupler les nouveaux centres par des ventes à prix fixe ou aux enchères aboutissent, de 1860 à 1864, à l'aliénation de 9.000 hectares seulement ; les acquéreurs, libres de toute obligation, ne résident ni n'exploitent, espérant uniquement revendre avantageusement leurs terres. Poursuivant cependant son œuvre d'idéologue et pour réaliser le programme défini dans sa célèbre lettre du 6 février 1863 (1), Napoléon par un décret du 31 décembre 1864 supprime définitivement la concession gratuite ; la vente à prix fixe et aux enchères est seule maintenue. A partir de ce moment, la colonisation officielle s'efface complètement : 248 lots sont vendus en 1866, portant sur 11.474 hectares dont plus de la moitié acquise par des indigènes. Il ne se présente aucun acquéreur métropolitain.

Aussi, n'enregistre-t-on au cours de la période de 1861 à 1870 que la création de 21 centres et l'aliénation de 116.000 hectares. La population française passe de 103.322 à 129.898 soit 25 °/₀ d'augmentation. La population agricole perd 1 °/₀. En 1870, le Maré-

(1) « Aux indigènes, l'élevage des chevaux et du bétail, les cultures naturelles du sol, à l'activité et à l'intelligence européennes, l'exploitation des forêts et des mines, les dessèchements, les irrigations, l'introduction des cultures perfectionnées, l'importation de ces industries qui précèdent ou accompagnent toujours les progrès de l'agriculture. Au gouvernement local ...le devoir de supprimer les règlementations inutiles, de laisser aux transactions la plus entière liberté, en favorisant les grandes associations de capitaux européens et en évitant, désormais, de se faire entrepreneur d'émigration et de colonisation, comme de soutenir péniblement des individus sans ressources, attirés par des concessions gratuites. »

Ainsi plus de concessions, plus de colons pauvres, plus d'initiative administrative. Qu'on laisse faire les capitaux, et que l'élément européen se cantonne dans son rôle de banquier, d'industriel, d'ingénieur, d'initiateur de cultures spéciales : les « cultures naturelles » et le sol qui les portent sont aux indigènes On sent se dessiner l'idée impériale : l'Algérie n'est pas une colonie, c'est une possession ; dix-huit mois après, c'est l'empire arabe (DE PEYERIMHOFF)

chal de Mac-Mahon constatait devant le Conseil de Gouvernement que, sauf dans le voisinage des centres, « les terres vendues au profit de la colonisation » étaient achetées par les indigènes ou bien revendues aux indigènes. Il ajoutait : « il faut reconnaître d'une façon générale que jusqu'à ce jour l'initiative individuelle, à laquelle il a été laissé une liberté entière, n'a produit sous le rapport du peuplement et de la colonisation que des résultats à peu près nuls ».

Tel était, au moment de la guerre de 1870, l'état de la colonisation en Algérie.

Période 1870-1880

Mais à la suite de l'insurrection de 1871, le domaine de l'Etat se vit enrichir de 500.000 hectares de terres nouvelles provenant du sequestre des biens des insurgés. D'autre part, sous la Troisième République, et contredisant les théories utopiques de l'Empire, la nécessité apparut à nouveau, impérieuse, d'attirer dans la colonie de nouveaux contingents français et cette politique coïncida d'une façon opportune avec l'obligation de donner asile aux nombreuses familles d'alsaciens-lorrains fuyant la domination allemande.

C'est alors la phase moderne du peuplement national qui commence :

Une loi du 24 juin 1871 concède gratuitement 100.000 hectares de terres du Domaine, prises parmi les meilleures, aux Alsaciens-Lorrains qui opteront pour la nationalité française et prendront l'engagement de se rendre en Algérie. Uu décret du 16 octobre suivant fixe dans son titre I les mesures d'exécution nécessaires : les colons doivent s'engager à cultiver, à mettre en valeur et à habiter leur concession ; l'inexécution de ces obligations peut entraîner leur déchéance.

Le titre II du décret institue d'autre part un système de concessions applicable à tous les français d'origine européenne (1). *C'est donc le retour à la concession gratuite.* Le concessionnaire reçoit de l'administration une terre à bail, moyennant une redevance nominale de un fr. Il est tenu à une résidence de 9 ans (ramenée à 5 ans par un décret postérieur) (2). Sous cette condition, le colon reçoit un titre provisoire de propriété. A l'expiration du délai imparti, et si le concessionnaire a d'autre part rempli ses obligations, ce titre provisoire est remplacé par un titre définitif ; dans le cas contraire, le bail est résilié.

L'application de ces dispositions rencontra des difficultés d'ordre juridique — notamment en ce qui concernait la nature du droit de propriété du concessionnaire pendant la période de propriété provisoire — qui motivèrent en grande partie l'abandon, quelques années après, de ce système connu sous le nom de « bail de colonisation ».

Quoi qu'il en soit, au mois de mars 1874, 877 familles d'Alsaciens-Lorrains étaient installées en Algérie. Malheureusement, ces immigrants, pour la plu-

(1) Il convient de remarquer que c'est la première fois que l'on exige des concessionnaires algériens la qualité de Français d'origine européenne. C'est l'inauguration du peuplement national de la colonie.

(2) D. du 15 juillet 1874.

part démunis de ressources et anciens citadins ou ouvriers de fabrique, ignorant tout des travaux de la terre, dépaysés et souffrant d'un climat auquel ils n'étaient pas habitués, échouèrent en grande majorité. Il fallut en revenir à la colonisation assistée. L'Etat affecta les fonds disponibles de la souscription nationale ouverte pour la libération du territoire à l'assistance des nouveaux colons. Malgré ces efforts et si l'on excepte quelques centres qui réussirent grâce à l'aide de la Société de Protection des Alsaciens-Lorrains (Haussonvillers, Bou-Khalfa, Camp du Maréchal) les résultats ne furent pas favorables, du moins au point de vue de la mise en valeur du sol. Il n'en fut cependant pas de même quant au peuplement : En 1899 en effet, voici quelle était la situation des Alsaciens-Lorrains immigrés :

DÉPARTEMENTS	Familles installées	Familles possédant encore leur concession	Familles n'ayant plus leur concession mais restées en Algérie	Familles ayant quitté l'Algérie ou disparu
Alger...............	433	202	139	92
Oran................	312	107	129	76
Constantine.........	438	78	251	109
Totaux.....	1.183	387	519	277

En définitive, si 387 familles seulement sur 1.183 avaient conservé leur propriété, *906 familles alsaciennes-lorraines s'étaient fixées définitivement dans la colonie*, enrichissant ainsi le patrimoine national d'un précieux contingent.

En dehors des Alsaciens-Lorrains, de nouveaux éléments furent recrutés, grâce au système de concession du titre II, notamment dans les régions méditerranéennes de la Métropole et parmi les Algériens eux-mêmes. De 1871 à 1874, 2079 concessions furent accordés à des immigrants, 2835 à des Algériens ; de 1875 à 1878, 3091 concessions furent attribuées, dont 1452 à des immigrants.

De 1871 à 1880 enfin, il fut créé 264 périmètres de colonisation représentant 401.099 hectares. La population française, qui était en 1871 de 129.898 unités atteint en 1880 le chiffre de 195.418.

Période 1880-1900

Entre temps, un décret du 30 septembre 1878 substitue au mode de location dont les imperfections s'étaient revélées nombreuses dans la pratique, le système de la *concession gratuite sous condition suspensive :*

Aux termes de ce décret, les terres domaniales comprises dans le périmètre d'un centre de population et affectées au service de la colonisation étaient divisées en lots de village et en lots de fermes pouvant être concédés gratuitement dans la proportion des 2/3 aux immigrants et d'un tiers aux algériens. La propriété de l'immeuble était attribuée au concessionnaire sous la condition *suspensive* de l'accomplissement d'un certain nombre d'obligations dont la non observation pouvait entraîner sa déchéance et parmi lesquelles notamment celle de transporter son domicile et de résider sur la terre concédée, avec sa famille, d'une manière effective et permanente pendant cinq ans. A l'expiration de cette période quinquennale et s'il remplissait les conditions exigées, le concessionnaire pouvait obtenir ses titres définitifs de propriété. Seule subsistait pour lui l'interdiction de vendre ou de céder sa terre, sous quelque forme que ce fût, aux indigènes non naturalisés, pendant une période de vingt ans pour les lots de ferme et de dix ans pour les lots de village. Enfin, après trois ans de résidence, un concessionnaire pouvait obtenir ses titres définitifs s'il justifiait, d'une dépense moyenne de 100 francs par hectare réalisée en améliorations utiles et permanentes.

Le Gouverneur général était autorisé d'autre part à prescrire, par arrêtés rendus après avis du Conseil de Gouvernement, la vente aux enchères publiques :

1° de lots de fermes situés dans les lieux qui ne pouvaient se prêter à la formation d'un village ;

2° des terres qui dans leur état du moment ne pouvaient être utilisées qu'au pacage.

Ce décret suscita immédiatement des critiques nombreuses : on lui reprocha notamment d'appliquer au concessionnaire des conditions trop dures eu égard à la faible superficie des concessions (40 hectares). L'Administration se plaignait d'autre part avec juste raison de ne pouvoir, en cas de vente aux enchères, imposer aux acquéreurs aucune clause pouvant assurer le peuplement ou la mise en valeur. Dès 1878 apparut une proposition de loi tendant à la suppression de la concession gratuite (proposition Gastu). D'autres projets (Tirman 1881, d'Haussonville 1883) furent déposés et n'aboutirent pas ou furent atteints de caducité. Les lenteurs de la procédure législative ramenèrent le Gouvernement au système des décrets. Un projet de décret fut préparé en 1892 puis ajourné. Dans sa séance du 26 mars 1897 le Sénat, après discussion du rapport Labiche sur la colonisation, demande la révision du décret du 30 septembre 1878 afin de le mettre en harmonie avec les besoins nouveaux résultant du progrès de la colonisation (1).

Sous le régime de ce décret cependant, et pour la période comprise entre 1880 et 1900, 210 centres furent créés ou agrandis et 296.097 hectares livrés à la culture européenne. La population française passa au chiffre de 267.672 unités.

Législation actuelle 1900-1921

Ce n'est que le 13 septembre 1904 que fut promulgué un décret réglementant sur des bases nouvelles l'aliénation des terres de colonisation en Algérie. Il est actuellement encore en vigueur.

Par une sorte de réaction contre le système précédent, le nouveau texte semble donner une place prépondérante à la vente. Le système de la concession gratuite, sans être complètement écarté, subsiste, mais « lorsque l'exige l'intérêt de la colonisation ». En fait, les deux systèmes sont à peu près également employés.

Un principe très large est dès l'abord énoncé : « Les immeubles domaniaux situés en Algérie, autres que les bois et forêts et les immeubles nécessaires

(1) J. O. Déb. parl. Sénat p. 607 s.

à des Services Publics, sont affectés au développement de la colonisation (art. 1er) ».

L'article 3 énumère les différents moyens d'aliénation qu'il est possible d'employer : « L'aliénation a lieu suivant décision du Gouverneur général, après avis du Conseil de Gouvernement, par vente à prix fixe ou par vente aux enchères et exceptionnellement de gré à gré. Quand l'intérêt de la colonisation l'exige, il peut être procédé par voie de concession gratuite... ».

Cette faculté d'employer, suivant les cas et au mieux des intérêts du peuplement ou de la mise en valeur de la terre, indifféremment l'un ou l'autre de ces systèmes d'aliénation donne à la législation actuelle une grande souplesse qui constitue l'un de ses avantages principaux. Elle échappe ainsi aux critiques justifiées dont furent l'objet les réglementations antérieures lesquelles avaient pour défaut dominant de donner à l'un des modes d'aliénation la prépondérance au détriment des autres. Il en résultait que le peuplement ou la mise en valeur se trouvaient compromis selon que l'avantage était donné à la vente ou à la concession gratuite. Enfin, comme dans le décret de 1878, les deux tiers des lots à vendre ou à concéder sont réservés aux immigrants.

Aliénations à titre onéreux

Les aliénations, aux termes de l'article 3 du décret du 13 septembre 1904, peuvent se faire soit à prix fixe, soit à bureau ouvert, soit aux enchères, soit enfin de gré à gré.

Ventes à prix fixe ou à bureau ouvert

Les ventes à prix fixe ou à bureau ouvert sont décidées par arrêté du Gouverneur général pris en Conseil de Gouvernement. Elles comprennent un certain nombre de propriétés réparties dans les trois départements. La vente est portée à la connaissance du public par la voie de la presse de France et d'Algérie et d'affiches apposées dans un grand nombre de gares, de communes ou de bureaux de poste. Toute personne peut, d'autre part, recevoir en s'adressant soit *au Gouvernement Général de l'Algérie (Colonisation)*, soit à *l'Office de l'Algérie, 10, rue des Pyramides à Paris,* un exemplaire du cahier des charges de la vente ainsi que des notices et des indications générales sur chacun des centres où sont situées les propriétés à vendre.

La vente a lieu, pour chaque département, au bureau des domaines du chef-lieu. Elle ne prend fin ordinairement qu'au bout de 6 mois.

Ne peuvent être admis comme acquéreurs que les *Français d'origine européenne ou Européens naturalisés jouissant de leurs droits civils et n'ayant jamais été acquéreurs, concessionnaires ou cessionnaires, à quelque titre que ce soit, de terres de colonisation (Article 4 du décret du 13 septembre 1904.)* Toute personne remplissant ces conditions est admise à soumissionner, soit elle-même, soit par mandataire. Le soumissionnaire est tenu de verser entre les mains du Receveur des Domaines le montant du premier terme du prix d'acquisition, soit un quart de la mise à prix. Il doit également remplir une feuille de renseignements qui lui est fournie par le Receveur et produire un extrait de son casier judiciaire.

Si dans la même journée et avant 15 heures de l'après midi un seul soumissionnaire s'est présenté pour l'acquisition d'une même propriété, il en est déclaré acquéreur. Si au contraire plusieurs personnes se sont présentées pour la même propriété, des enchères sont ouvertes entre elles après 15 heures et la propriété est adjugée au plus offrant. Le soumissionnaire déclaré acquéreur complète alors s'il y a lieu le montant du premier terme de l'acquisition et verse de plus sa part contributive dans les frais de publicité, fixée à forfait à 2,50 °/₀ du prix d'acquisition, et acquitte les différents droits d'enregistrement et de timbre afférents à la vente. Celle-ci ne devient définitive qu'après approbation du Gouverneur général de l'Algérie (1).

Vente aux enchères

La vente aux enchères publiques peut être appliquée dans tous les cas. C'est le mode d'aliénation normal des immeubles domaniaux autres que ceux affectés à la colonisation. Pour ceux-ci, elle est faite ordinairement aux mêmes conditions que la vente à bureau ouvert, mais n'est que rarement employée car, ne durant qu'un jour, elle ne permet pas aux immigrants d'y prendre utilement part.

(1) Ces renseignements sont tirés du cahier des charges de la 13e vente à bureau ouvert.

Vente de gré à gré

Ce mode d'aliénation est exceptionnel : Il n'est appliqué que dans les cas limitativement énumérés par les articles 25 et 26 du décret du 13 septembre 1904, savoir :

1° Aux terres qui ayant été mises en vente à prix fixe ou aux enchères n'ont pas trouvé acquéreur (article 25) ;

2° Aux lots affectés à des établissements industriels (article 26) ;

3° Aux immeubles ruraux situés en territoire de commune mixte ou indigène dans les régions non encore colonisées (article 26).

Ces ventes ont lieu, après avis du Conseil de Gouvernement, aux conditions fixées par le Gouverneur général et après expertise contradictoire pour déterminer la valeur du terrain.

Concession gratuite

Pour postuler utilement une concession gratuite, le candidat doit tout d'abord réunir les conditions fixées par l'article 4 du décret, c'est-à-dire être français d'origine européenne ou européen naturalisé, jouir de ses droits civils et n'avoir jamais été détenteur à quelque titre que ce soit de terres de colonisation.

Il doit en outre — et ce sont là des conditions que l'Administration impose pour qu'il lui soit possible d'exercer parmi les candidats une sélection judicieuse :

1° Etre chef de famille (les concessions étant accordées de préférence aux familles les plus nombreuses) ;

2° Avoir des connaissances agricoles ; cette condition s'impose en effet, autant pour permettre à l'Aministration de choisir les candidats les plus aptes à mettre le sol en valeur, que pour éviter au colon un échec désastreux dû à son incapacité ou à son manque d'expérience ;

3° Justifier de la possession d'un capital d'au moins 10.000 francs. Ce capital constitue d'ailleurs un minimum qui en raison de la situation économique est devenu tout à fait insuffisant, pour subvenir aux frais de construction d'une habitation et de bâtiments d'exploitation, aux dépenses d'achat de cheptel et de matériel agricole, ainsi qu'à celles de défrichement.

D'autres éléments entrent en ligne de compte pour déterminer le choix des colons : âge des parents et des enfants, professions secondaires exercées par les candidats et pouvant être utiles à la collectivité (maçon, forgeron, menuisier, charpentier, mécanicien, etc.) capital en espèces disponible, etc.

Formulée sur papier timbré et adressée soit au Gouvernement Général de l'Algérie, soit à l'Office de l'Algérie à Paris (10, rue des Pyramides), la demande doit indiquer le centre ou tout au moins le département dans lequel le pétitionnaire désire être installé. Il est tenu compte dans la mesure du possible du désir ainsi exprimé. La justification par l'intéressé de ses ressources pécuniaires peut être faite, par la production d'un reçu de dépôt en banque ou de toute autre pièce probante.

La superficie totale des propriétés concédées varie suivant les lieux de 60 à 100 hectares. Elle peut atteindre dans certaines régions 300 hectares.

Droits du concessionnaire et de l'acquéreur

Le décret du 30 septembre 1878 attribuait au concessionnaire la propriété de l'immeuble *sous la condition suspensive* de l'accomplissement des obligations à lui imposées.

Pour accroître sa faculté d'emprunt, et lui permettre d'offrir à ses créanciers éventuels une garantie mieux assise, le décret de 1904 donne au colon concessionnaire comme à l'acquéreur *la propriété immédiate du sol. (Articles 6 § 1 et 11 § 3).* Ce droit de propriété ne sera toutefois définitif qu'après accomplissement des charges de leur contrat énumérées ci-après :

Obligations du concessionnaire et de l'acquéreur

Le concessionnaire ou l'acquéreur est tenu, sous peine de déchéance :

1° De transporter son domicile sur la terre concédée ou acquise, dans les 6 mois de la notification administrative de l'attribution de la concession ou du jour de l'achat ;

2° D'y résider avec sa famille d'une façon *effective et permanente* et de l'exploiter personnellement pendant dix années à partir de sa mise en possession ;

3° De se conformer aux obligations spéciales contenues dans l'arrêté de concession ou aux clauses spécifiées dans le cahier des charges.

L'acquéreur est en outre tenu de payer le prix d'achat de sa terre aux termes fixés par le cahier des charges (1).

Le concessionnaire ou l'acquéreur qui, ayant rempli toutes les obligations ci-dessus, a en outre apporté à son lot des améliorations utiles et permanentes d'une valeur importante peut, après cinq ans, être affranchi de la condition de résidence. L'acquéreur peut en outre obtenir la remise gracieuse du dernier terme de son prix d'acquisition (3/8), mais le concessionnaire demeure néanmoins responsable de la bonne exploitation de ses terres jusqu'à l'expiration du délai de 10 ans.

L'acquéreur a enfin la faculté de se substituer sur sa propriété une famille remplissant les mêmes conditions d'origine. Dans ce cas, toutefois, il ne pourra pas obtenir la réduction à cinq ans de l'obligation de résidence ni la remise des 3 derniers huitièmes.

Avant l'expiration d'un délai de dix ans à partir du jour de l'affranchissement des conditions de résidence, les terres de colonisation ne peuvent

(1) 2/8e au moment de l'acquisition.
1/8e du prix d'achat, trois ans après le paiement du 1er terme
1/8e un an après l'échéance du 2e terme.
1/8e un an après l'échéance du 3e terme.
3/8e cinq ans après l'échéance du 4e terme.

être transmises par voie de cession à titre gratuit ou onéreux à d'autres personnes que celles remplissant les conditions de l'article 4 (article 20).

En cas de décès du concessionnaire ou de l'acquéreur les conditions de résidence et d'exploitation personnelles peuvent être remplies par les héritiers ou par l'un d'eux seulement (article 22).

Déchéance

Le concessionnaire ou l'acquéreur qui ne remplit pas les conditions de résidence et d'exploitation imposées, est frappé de déchéance, après mise en demeure régulière (article 15).

Si la déchéance est prononcée contre un acquéreur l'immeuble est dans tous les cas mis en vente. L'acquéreur déchu ne peut y prendre part. Le prix de l'adjudication est versé à la Caisse du Receveur des Domaines, déduction faite s'il y a lieu des sommes nécessaires au paiement des créances prévues à l'article 16 du décret (voir ci-après), jusqu'à concurrence des sommes restant dues à l'Etat sur le prix d'acquisition. La partie du prix non retenue est consignée au compte de tous ayants-droit.

Si la déchéance est prononcée contre un concessionnaire, la mise en vente est ordonnée : 1° quand le montant des améliorations fixé par l'acte prononcant la déchéance est égal ou supérieur à 15 francs par hectare ; 2° quand il y a des créanciers se trouvant dans les conditions déterminées par l'article 16 (voir ci-après). Dans ces deux cas, le prix de l'adjudication est versé dans la Caisse du Receveur des Domaines, déduction faite des sommes nécessaires au paiement des créances mentionnées à l'article 16, jusqu'à concurrence de la somme qui reste disponible après prélèvement du montant des améliorations. Le montant de ces améliorations est consigné au compte de tous ayants-droit.

Sauf ces deux exceptions, la concession fait retour purement et simplement au domaine de l'Etat à qui les améliorations demeurent acquises à titre de dommages-intérêts.

L'acquéreur ou le concessionnaire déchu reste en possession jusqu'au jour de la vente.

Enfin toute transmission de propriété effectuée contrairement aux dispositions de l'article 20 (voir ci-dessus), entraîne l'annulation de la vente ou de la concession. L'immeuble revient dans ce cas à l'Etat, sous réserve des droits réels régulièrement constitués (article 20).

Organisation du crédit au colon

(Article 16 du décret du 13 septembre 1904)

Les cahiers des charges des ventes et des concessions gratuites contiennent une clause aux termes de laquelle l'Etat, soit en cas de déchéance prononcée, soit en cas de vente poursuivie à la requête des créanciers, renonce à se prévaloir de tout privilège ou action résolutoire vis-à-vis des personnes qui auront consenti à l'acquéreur ou au concessionnaire des prêts hypothécaires destinés :

1° Aux travaux de construction ou de reconstruction, de réparation ou d'agrandissement des bâtiments d'habitation ou d'exploitation.

2° A des travaux agricoles constituant des améliorations utiles et permanentes.

L'emprunteur doit faire dresser un acte de prêt constatant la destination des fonds. L'emploi doit en être ultérieurement établi par quittances et autres documents probants au Préfet ou au Général. Un arrêté du Préfet ou du Général statuant à cet égard, fixe, sauf recours au Conseil d'Etat, le montant des fonds dont l'emploi est reconnu justifié.

Cessions de terres de colonisation à titre onéreux ou gratuit

Durant une première période qui part de la mise en possession de l'intéressé et qui prend fin lorsqu'il a satisfait pendant *trois ans* à toutes ses obligations, tout transfert de propriété est interdit.

Lorsque le colon a rempli pendant au moins trois ans ses obligations et jusqu'au jour où il est affranchi de l'obligation de résidence, il peut céder ses terrains — à la condition de soumettre au préalable l'acte de cession à l'approbation du Gouverneur général — à toute personne réunissant les conditions de l'article 4.

Une troisième période commence du jour où le colon a été affranchi de l'obligation de résidence. A partir de ce jour et pendant une période de dix ans le colon peut librement céder sa terre, à la seule condition que le cessionnaire réunisse les conditions de l'article 4. L'autorisation administrative n'est plus nécessaire.

Enfin, à l'expiration de ce délai de dix ans, la terre retombe sous l'empire du droit commun et le colon peut en disposer à son gré.

Lots industriels

Pour permettre l'installation des industries et des commerces nécessaires à la vie locale, l'Administration réserve dans les centres de colonisation un certain nombre de lots dits : *Lots industriels*, composés d'un lot urbain et d'un lot de jardin d'une superficie totale d'environ 20 ares.

L'aliénation a lieu de gré à gré (article 26), après expertise contradictoire de la valeur du terrain. En général l'acte de vente porte l'obligation pour l'acquéreur d'édifier sur le lot vendu, dans le délai d'un an, une construction d'une valeur déterminée et de le complanter d'un certain nombre d'arbres, ainsi que l'interdiction de le revendre avant un délai de dix ans sans l'autorisation de l'Administration.

Concessions gratuites aux indigènes

Des concessions gratuites, dont l'étendue ne peut dépasser 200 hectares, peuvent enfin être accordées aux indigènes sans conditions de résidence ni clause résolutoire, à titre de récompense pour service exceptionnels (article 32).

Peuplement par l'intermédiaire de Sociétés ou de particuliers

Des terres de colonisation peuvent être mises, pour la création de villages, à la disposition de sociétés françaises ou de particuliers de nationalité française qui prendraient l'engagement :

1° De peupler ces villages en y installant des personnes réunissant les conditions de l'article 4.

2° De transmettre gratuitement les dites terres à ces personnes dans le délai de deux ans à charge pour celles-ci de remplir les obligations de résidence et d'exploitation personnelles imposées par l'article 12, et sans que ces sociétés ou particuliers puissent jamais devenir propriétaires des terres qui leur ont été remises à charge de transmission.

RÉSULTATS DE LA COLONISATION OFFICIELLE
DEPUIS 1904

Ainsi qu'il est aisé de s'en rendre compte, le décret du 13 septembre 1904 constitue un règlement d'une grande souplesse qui permet à l'Administration d'utiliser suivant les besoins (peuplement, mise en valeur du sol, encouragements à l'initiative privée, et développement des commerces locaux) tous les modes d'aliénation. Ce règlement et la possibilité pour l'Administration, depuis que la colonie est dotée de l'autonomie financière (Loi du 19 décembre 1900) d'affecter sur les ressources ordinaires de son budget, sur son fonds de réserve et sur les fonds d'emprunt, aux entreprises coloniales, tous les crédits nécessaires, ont permis de donner à la colonisation officielle, de 1904 à 1914, un essor considérable que la guerre est malheureusement venue arrêter momentanément.

Malgré les difficultés de la situation économique et la cherté de la main-d'œuvre actuelle, l'Aministration s'efforce, depuis la fin des hostilités, de donner une impulsion nouvelle à l'œuvre de la colonisation, œuvre primordiale de laquelle dépend et la prédominance de l'élément français et la mise en valeur rationnelle et intensive du sol de la colonie.

Voici les résultats de la colonisation officielle depuis 1904, jusqu'à l'année 1920 incluse :

Les dépenses effectuées par le budget de la colonie, tant pour la création, l'agrandissement de centres de colonisation, et l'amélioration des anciennes agglomérations, (alimentation en eau potable, assainissement, constructions d'édifices et de services publics, mairies, écoles, bureau de postes, etc.) que pour l'établissement de voies de communication destinés à faciliter la mise en valeur et l'accès de certaines régions colonisées par l'initiative privée, ont dépassé le chiffre de 50.000.000 de fr. dont plus de la moitié a été prélevée sur les fonds d'emprunt et sur les excédents du fonds de réserve de la colonie.

Cette dépense de 50 millions se répartit en chiffres ronds comme suit :

1° Création de centres et agrandissements		31.000.000
2° Amélioration des anciens centres (subventions) :		
a) Alimentation en eau potable	8.865.000	
b) Assainissement	2.580 000	
c) Services publics, ponts, plantations	1.500.000	13.000.000 (1)
3° Voies de communications et chemins d'exploitation destinés à desservir des régions colonisées par l'initiative privée		6.000.000

(1) Les subventions étant accordées dans une proportion moyenne de 50 °/ₒ du montant des travaux et le surplus étant à la charge des budgets communaux, cette somme correspond à une dépense globale de 26 millions environ.

Cette somme globale a permis de *créer 59 nouveaux villages et d'agrandir 140 anciens centres. D'autre part, 151 lots de ferme ont été créés.*

Les nouveaux territoires ainsi constitués englobent, y compris le domaine public, les communaux et les réserves, *une superficie de près de 200.000 hectares* dont 53.000 environ concédés gratuitement et 128.000 vendus à bureau ouvert.

Pour donner une idée de la faveur avec laquelle sont acceuillies ces ventes à bureau ouvert, il suffit d'indiquer que les 1.300 lots ainsi vendus, ont atteint, sur une mise à prix de 15.986.919 francs, un prix de vente global de 19.419.904 francs.

Pendant la même période (1904-1920) 940 concessions gratuites furent attribuées. Quand à la population française elle est passée *de 358.174 en 1901 à 562.931 en 1911 et à 633.149 en 1921.* Mais il faut reconnaître que cette augmentation est également la conséquence du développement économique du pays, des excédents de la natalité et du jeu de la loi de 1889 sur la nationalité.

Depuis la fin des hostilités, les opérations de colonisation, complètement interrompues durant la guerre, ont été reprises. La situation économique et l'insuffisance des crédits budgétaires, eu égard à l'augmentation du prix de la main-d'œuvre et des matériaux, ainsi que l'énorme plus-value de la propriété foncière n'ont pas permis de donner à cet effort toute l'amplitude désirable. Cependant, en dépit de ces difficultés, le Gouvernement Général de l'Algérie poursuit la constitution de nouveaux périmètres de colonisation.

Trois nouveaux centres viennent d'être récemment peuplés (1921) par voie de concessions gratuites. Ce sont :

Dans le département d'Alger :

1° *Champlain* (commune mixte de Berrouaghia) où 18 concessions de 100 à 150 hectares ont été attribuées à 12 familles d'immigrants et à 6 familles algériennes (118 enfants).

2° *Arthur* (commune mixte de Berrouaghia) sur le périmètre duquel 6 familles dont 4 d'immigrants ont été intallées (47 enfants) et qui pourra prochainement être agrandi de 9 propriétés nouvelles.

Dans le département de Constantine :

Sidi-Mançar (commune mixte d'Aïn-el-Ksar) où 12 concessions gratuites de 70 hectares environ ont été accordées (8 familles immigrantes, 4 algériennes.) (71 enfants).

Enfin dans le département d'Oran, le centre de Slissen a pu être agrandi par l'installation de 15 familles dont 10 immigrantes et 5 algeriennes groupant 111 enfants.

Un certain nombre de créations et d'agrandissements de centres de colonisation ou de constitution de groupes de fermes sont d'autre part en voie de réalisation. Ces projets, dont l'état d'avancement est varié, se répartissent comme suit :

Département d'Alger, créations : 7.

Département d'Oran, créations : 12.

Agrandissement : 1.

Département de Constantine, créations : 6.

Il convient de remarquer enfin qu'outre la dotation du budget ordinaire au titre de la colonisation qui s'élèvera pour 1922 à 5.509.000 francs, il a été prévu au programme du 3e emprunt qui sera prochainement réalisé une somme globale de 105 millions, dont 30 millions pour la création et l'agrandissement de villages, 60 millions pour l'amélioration et l'alimentation en eau potable des anciens centres et 15 millions pour l'ouverture de chemins vicinaux de colonisation.

Grâce à cette dotation, il sera possible d'acquérir les superficies territoriales nécessaires et d'exécuter les travaux indispensables à la réalisation d'un vaste programme appelé à donner au peuplement français de la colonie et à la mise en valeur de son sol une nouvelle et vigoureuse impulsion.

Ainsi, l'œuvre de la colonisation a toujours été l'objet des préoccupations dominantes de notre politique algérienne. En dépit de variations et de tâtonnements imposés par les circonstances, elle s'est poursuivie avec ténacité et continuité de vues et, depuis longtemps déjà, elle fait l'admiration de tous ceux qui parcourent l'Algérie. Plus que jamais, son rôle dans les destinées de la colonie et de la Métropole apparaît comme essentiel. Il justifie tous les sacrifices et tous les espoirs.

TABLEAU *résumant les résultats de la Colonisation officielle de la conquête à 1920 inclus*

PÉRIODES	VILLAGES créés ou agrandis	NOMBRE d'hectares livrés à la culture européenne	CHIFFRE de la population française
1841 à 1850	126	115.000	65.497
1851 à 1860	85	250.000	103.322
1861 à 1870	21	116.000	129.898
1871 à 1880	264	401.099	195.418
1881 à 1890	107	176.000	267.672
1891 à 1900	103	120.097	364.257
1901 à 1920	199	200.000	633.149
Totaux.....	905	1.378.196	

Soit : 905 créés ou agrandis ;

1.378.196 hectares livrés à la culture européenne.

Population de l'Algérie en 1921

Population française....	633.149	*soit 830.074 européens*
Population étrangère....	196.925	
Indigènes sujets français.	4.939.604	*soit 4.972.390 indigènes*
Indigènes étrangers.....	32.786	

RECOMMANDATIONS

Les propriétés de colonisation offrent à nos agriculteurs de la Métropole, à une distance relativement courte de chez eux et sur terre française, *une existence plus large et les chances les plus sérieuses d'aisance véritable.*

Mais les futurs colons ne sauraient trop se pénétrer de cette idée que si l'Algérie leur offre les moyens de se constituer un patrimoine foncier de valeur, le succès ne peut y être acquis qu'avec de l'*énergie* et de la *persévérance.*

Le travail personnel prolongé, la santé physique et la résistance morale, les qualités d'ordre et de prévoyance sont indispensables pour surmonter les difficultés du début et conduire à bien une semblable entreprise.

Le colon doit savoir demander à la terre toutes les ressources qu'elle est en état de produire et ne pas négliger, ce qui est trop souvent son tort, les *cultures accessoires,* le jardin fruitier et potager, l'étable, le poulailler, le rucher.

Il faut donc qu'il soit autant que possible rompu à la pratique agricole. Il est tout aussi essentiel pour sa réussite qu'il ait des *avances* afin de faire face aux dépenses que lui occasionneront son installation, l'achat d'un cheptel et d'un matériel agricole adapté au pays, les salaires de la main-d'œuvre supplémentaire, la nourriture et l'entretien des siens.

Hygiène

Pour conserver sa santé et la rendre meilleure au besoin, on doit prendre certaines précautions, qui constituent ce que l'on appelle les règles de l'hygiène.

S'il est prescrit d'observer ces règles en tout pays, il est plus indispensable encore de les suivre dans les contrées nouvelles, parce que la santé y est soumise à la double influence du climat et de l'état du sol en transformation.

L'Algérie, en raison de sa situation géographique et de son orographie, a des climats variés, mais aucun n'est funeste aux Européens. La partie qui baigne la Méditerranée jouit d'un climat tempéré et humide. La partie centrale occupée par les Hauts-Plateaux a un climat plus froid l'hiver, plus chaud l'été et sec en tout temps. Enfin, dans la partie qui confine aux régions désertiques, la température se caractérise par une chaleur extrême pendant une grande partie de l'année et des froids très vifs de courte durée.

Aux débuts de la conquête, la mortalité était excessive en Algérie. Il n'en est plus de même aujourd'hui. L'assainissement du sol par les drainages, la modification du climat par les plantations et les cultures, l'observation des préceptes de l'hygiène, l'application, avec discernement, de la thérapeutique spéciale aux affections des pays chauds, ont puissamment contribué à rendre la santé publique meilleure. De nos jours, sous le rapport de la progression de la natalité, la colonie européenne de l'Algérie peut être mise en parallèle avec les Etats continentaux les plus favorisés à cet égard.

Pour se conformer aux règles d'hygiène, le colon, et plus particulièrement celui venant de France, se préoccupera, dès son arrivée sur la terre qu'il va occuper, *de son habitation, de ses vêtements et de son alimentation.*

Habitation

Il importe avant tout d'avoir une habitation saine.

On construira de préférence sur une hauteur, en évitant le voisinage des parties basses, des endroits humides et des eaux croupissantes. Une maison isolée doit être, autant que possible, orientée du Nord au Sud. On choisira surtout un emplacement où l'écoulement des eaux soit assuré, où l'on ait de l'air et du soleil. Il faut éviter de cacher, comme on l'a fait trop souvent, la maisonnette au milieu des arbres. Les plantations d'arbres sont très utiles ; il est même avantageux de constituer des massifs d'arbres pour protéger des vents trop violents et de la chaleur solaire, mais ces plantations doivent se trouver à une petite distance de l'habitation.

Le souci du choix d'un emplacement est, d'ailleurs, évité pour celui qui obtient une concession dans un centre de colonisation. Chaque concessionnaire reçoit, en effet, un lot à bâtir, desservi par une rue bien aérée, ou parfois même situé sur la place publique. En y construisant sa maison, le colon n'a donc pas seulement l'avantage d'avoir à proximité l'école pour ses enfants et toutes les ressources du village, ou celui de réaliser une économie sur les terrassements et les clôtures, il a surtout l'avantage d'avoir une habitation placée dans de bonnes conditions de salubrité.

Si l'on ne construit pas le rez-de-chaussée sur une cave, il faut tout au moins le faire reposer sur une bonne couche de béton, de façon à chasser l'humidité que le sol pourrait répandre dans l'habitation. Avec les mêmes fondations et la même toiture, on peut élever la construction d'un étage, où l'on couchera de préférence. Ce n'est que pendant les grandes chaleurs qu'on s'établira au rez-de-chaussée.

Lorsqu'il y a de l'humidité dans l'air, on ne doit pas dormir les fenêtres ouvertes.

L'habitation, une fois construite, devra être tenue dans le plus grand état de propreté.

Il faudra veiller aussi à l'écoulement des eaux ménagères ; les lieux d'aisance seront placés dans un endroit tel qu'aucune infiltration ne soit possible et entretenus avec beaucoup de soin.

Le voisinage des animaux domestiques peut présenter certains inconvénients. Leur présence entraîne celle des mouches, les unes dangereuses, les autres simplement gênantes. On s'en garantira à l'intérieur en plaçant des toiles métalliques contre les fenêtres. Il faut, enfin, aussi souveut que possible, blanchir à la chaux ordinaire les écuries et les étables si l'on veut éviter les épidémies.

Il n'est pas bon non plus de ranger dans la maison les instruments de travail ; mieux vaut les placer sous un hangar, à l'extérieur.

Il est délivré à tous les concessionnaires ou acquéreurs qui en font la demande une notice avec dessins renfermant les indications pratiques nécessaires pour permettre d'installer économiquement une maison d'habitation et d'exploitation.

Vêtements

Les variations de température sont des causes de refroidissement. Les refroidissements sont toujours à craindre. On les évitera en portant une ceinture large, protégeant les reins et l'abdomen. On doit se munir de vêtements amples, laissant la liberté des mouvements, et en laine de préférence.

Dans les périodes de fatigue, des frictions énergiques sur tout le corps avec un linge rugueux imbibé d'alcool camphré préserveront des refroidissements et redonneront la souplesse aux membres.

On s'abstiendra aussi de rester dehors sans nécessité après le coucher du soleil. Si l'on y est obligé, on ne saurait trop se bien couvrir et se garantir des piqûres de moustiques.

Comme coiffure, il faut employer un chapeau à larges bords dont le sommet ne repose pas directement sur le crâne. Les yeux sont ainsi protégés, et l'on n'a pas à craindre non plus les insolations. Cette coiffure sera en feutre, en paille, ou en moëlle de sureau. Mais le feutre est un peu lourd ; la moëlle de sureau, le liège, sont plus répandus ; on en fabrique de grands chapeaux blancs, genre cochinchinois ou bien des casques à visière et à couvre-nuque.

La plus grande propreté corporelle est recommandée, car la malpropreté sur soi est la source de bien des maux

Alimentation

Le colon devra s'assurer une alimentation saine et nutritive. Il réparera ainsi les forces qu'il dépense en travaillant, il s'en procurera de nouvelles et cela sans excès de fatigue pour l'estomac.

En été, cependant, il devra manger un peu moins, restreindre l'usage de la viande de boucherie et de la graisse et recourir de préférence aux produits du jardin et de la basse-cour, aux légumes, à la volaille, aux œufs et au lait. Ne pas abuser des épices.

En ce qui concerne les jeunes enfants, on leur conservera longtemps le lait maternel et on évitera de les sevrer pendant les mois de juillet, août et septembre, surtout si cette saison coïncide avec la période difficile de l'évolution dentaire.

La Colonie produit du vin de très bonne qualité, et le Français, habitué à cette boisson, n'éprouvera aucun inconvénient à en faire un usage modéré. L'eau que l'on consomme est souvent souillée en dehors des conduites ou réservoirs qui la fournissent. Il conviendra de veiller à ce que les conduites, réservoirs et tous les récipients où elle peut séjourner dans l'habitation soient toujours en parfait état de propreté et à l'abri des poussières de toute nature. On peut, d'ailleurs, remplacer l'eau pure par des infusions légères ou des tisanes rafraîchissantes.

Quant aux boissons fortement dosées d'alcool, il est prudent de s'abstenir d'en boire. De même, il convient de prescrire les liqueurs proprement dites, apéritifs, toniques, digestifs, etc., dont l'absorption' à la longue, peut affaiblir gravement l'organisme. *Les inconvénients de l'alcool,* notoirement funestes en France, *sont bien plus graves en Algérie,* surtout pour des nouveaux venus, en raison de l'élévation de la température et des difficultés de l'acclimatation.

Dispositions spéciales

Les Agents du Service agricole général sont chargés de faire, dans les centres de colonisation, des tournées au cours desquelles ils donnent aux concessionnaires les indications les plus utiles à connaître.

Tous les renseignements sur le climat, la nature du sol, les grandes cultures industrielles, les cultures arbustives, les pépinières, le bétail, les bergeries, les ruchers, les huileries, les méthodes de vinification, les marchés, les stations de monte, les ressources du pays, les matériaux de construction, seront fournis au colons.

Il est entendu d'ailleurs, que, dans leurs causeries, les Agents du Service agricole ne doivent pas perdre de vue qu'il ne s'agit nullement de se subsistuer à l'initiative du colon, ni de l'encourager dans telle ou telle entreprise, mais bien de lui fournir toutes les données dont il peut avoir besoin pour orienter son exploitation et la mettre en rapport le plus rapidement possible.

Les nouveaux colons qui débarquent à Alger sont reçus à leur arrivée par un fonctionnaire du Gouvernement général, chargé de les renseigner sur les moyens de gagner leur concession de la façon la plus économique.

Dès leur arrivée, les nouveaux colons feront bien de s'adresser de préférence à l'Administrateur de la commune mixte dont dépend le centre qu'ils vont habiter, pour être exactement mis au courant des usages et des coutumes de la région.

Ce fonctionnaire les renseignera sur le mode de construction, les prix courants, les contrats de défrichement, de culture, de moisson, etc.

Facilités de transport accordées aux Acquéreurs et aux Concessionnaires de terres de colonisation

Les acquéreurs et concessionnaires de terres de colonisation reçoivent (1) un *acte provisoire* pour leur permettre de prendre possession de leur propriété et de bénéficier des facilités de voyage suivantes :

En **chemin de fer** : *transport à demi-tarif*, en 3e classe, de l'acquéreur, de sa famille et de ses domestiques de ferme et transport gratuit de 30 kilogrammes de bagages par personne.

(1) Sur demande adressée au Préfet du département où est située la propriété.

Sur les **paquebots du service postal partant de Port-Vendres ou de Marseille** : *transport gratuit des personnes.*

Les réductions et franchises en chemin de fer sont accordées à la gare de départ, sur la présentation de l'acte provisoire.

Pour les passages sur mer, les réquisitions d'embarquement sont délivrées par les commissaires spéciaux de police des ports de Marseille ou de Port-Vendres, sur le vu de l'acte provisoire.

On doit, à moins d'un nouveau délai, qui peut être accordé par le Préfet du département où est située la propriété, faire usage de l'acte provisoire dans les trois mois.

CENTRES CRÉÉS OU AGRANDIS

DE LA CONQUÊTE A 1900

NOMS DES CENTRES	Superficie	DATE de la création ou de l'agrandissement	OBSERVATIONS
Département d'Alger			
Boufarik	10.700	1835	
Dély-Ibrahim	1.305	1840	
Kouba	1.550	1840	
Haouchs domaniaux du massif d'Alger : Mustapha, El-Biar, Birmandreïs, Birkadem, Douéra et Hussein-Dey.		1841	
Médéa (banlieue)	4.235	1841	
Miliana (banlieue)	3.600	1842	
Cherchell (banlieue)	1.000	1842	
Blida	3.000	1842	
Achour	820	1842	
Draria et Kaddous	1.230	1842	
Ouled-Fayet	1.843	1842	
Koléa	3.000	1842	
Bouzaréa	1.530	1843	
El-Biar	1.064	1843	
Pointe-Pescade (Saint-Eugène)	1.049	1843	
Birkadem	3.380	1843	
Saoula		1843	
Chéragas	3.263	1843	
Guyotville	1.725	1843	
Hussein-Dey	1.540	1843	

NOMS DES CENTRES	Superficie	DATE de la création ou de l'agrandissement	OBSERVATIONS
Maison-Carrée	8.830	1843	
Douéra	1.717	1843	
Ténès (banlieue)	10.000	1843	
Boghar	6.524	1843	
Téniet-el-Haâd	957	1843	
Orléansville	2.000	1843	
Fondouk	8.517	1844	
Sidi-Ferruch	1.720	1844	
Staouëli	1.020	1844	
Baba-Hassen	1.050	1844	
Crescia	1.470	1844	
Mahelma	1.670	1844	
Sainte-Amélie	650	1844	
Saint-Ferdinand	870	1844	
Douaouda	807	1844	
Fouka	600	1844	
Zéralda	3.118	1844	
Dellys	9.173	1844	
Souma	4.822	1845	
Aumale	13.130	1845	
Chiffa (La)	3.150	1846	
Mouzaïaville	13.990	1846	
Joinville	432	1848	
Montpensier	436	1848	
Dalmatie	708	1848	
Beni-Méred	1.60.	1848	
Affreville	3.800	1848	
El-Affroun (colonie agricole)	735	1848	
Bou-Roumi et Oued-Djer		1848	
Castiglione (colonie agricole)	770	1848	
Lodi id.	1.584	1848	

NOMS DES CENTRES	Superficie	DATE de la création ou de l'agrandissement	OBSERVATIONS
Damiette (colonie agricole).........	1.843	1848	
Marengo id.	1.963	1848	
Zurich id.	1.151	1848	
Novi id.	1.300	1848	
Montenotte (Camp des chasseurs) (hameau)......................	855	1848	
La-Ferme (colonie agricole).........	551	1848	
Pontéba id.	958	1848	
Arba (L') Sidi-Naceur et Sakamody.	15.295	1849	
Fort-de-l'Eau.....................	2.250	1850	
Birtouta..........................	5.153	1851	
Boukandoura.......................	68	1851	
Rassauta..........................	1.600	1851	
Rovigo, Sidi-Hamouda et Hammam-Melouane	1.622	1851	
Oued-el-Alleug	663	1851	
Bou-Roumi (colonie agricole).......	575	1851	
Téfeschoun........................	765	1851	
Maison-Blanche	2.450	1851	
Sidi-Moussa.......................	2.500	1852	
Aïn-Taya, Le-Cap et Aïn-Beïda.....	2.606	1853	
Rouïba............................	4.330	1853	
Réghaïa...........................	613	1854	
Chebli............................	1.072	1854	
Vesoul-Bénian.....................	1.323	1854	
Aïn-Sultan	1.304	1854	
Bou-Medfa	1.213	1854	
Tipaza............................	2.672	1854	
Bourkika..........................	1.886	1855	
Ameur-el-Aïn......................	2.000	1855	

NOMS DES CENTRES	Superficie	DATE de la création ou de l'agrandissement	OBSERVATIONS
Rivet et Arbatache (douar partie)...	6.845	1856	
Boghari..........................	5.487	1856	
Corso Tahatani....................	7.762	1856	
Ben-N'Choud......................	501	1856	
Alma.............................	1.127	1856	
Hamedi avec Fondouk et Arbatache (douar partie)....................	8.517	1856	
Duperré..........................	2.251	1857	
Bouïnan	2.200	1857	
Lavarande	3.100	1857	
Dra-el-Mizan et Bou-Faïma.........	683	1858	
Bir-Rabalou, Les-Trembles.........	2.281	1858	
Bérard...........................	862	1858	
Tizi-Ouzou.......................	286	1858	
Saint-Pierre-Saint-Paul............	623	1858	
Berrouaghia......................	2.177	1860	
Rebeval..........................	2.316	1860	
Djelfa...........................	1.775	1861	
Attatba	1.650	1862	
Malakoff (Oued-Sly)...............	2.500	1869	
Montebello.......................	1.041	1869	
Palestro	4.930	1869	
Bordj-Ménaïel....................	2.429	1871	
Belle-Fontaine	1.317	1872	
Félix-Faure (Blad-Guitoun).........	1.694	1872	
Zaâtra...........................	1.409	1872	
Souk-el-Haâd	1.138	1872	
Beni-Amran avec Aïn-N'Sara (hameau).........................	1.225	1872	

NOMS DES CENTRES	Superficie	DATE de la création ou de l'agrandissement	OBSERVATIONS
Courbet (Zamouri)	1.752	1872	
Isserbourg	1.764	1872	
Isserville avec Chabet-el-Ameur	3.662	1872	
Oued-Keddache	655	1872	
Bois-Sacré	2.486	1872	
Saint-Pierre-Saint-Paul (agrandissement)	598	1872	
Rebeval	1.141	1872	
Palestro (agrandissement)	817	1872-1874	
Ménerville avec Belle-Fontaine et Souk-el-Haàd	1.176	1873	
Haussonvillers	2.568	1873	
Djinet (hameau)	398	1873	
Gouraya	1.864	1873	
Oued-Fodda	2.236	1873	
Bouïra	5.692	1873	
Alma	1.506	1873	
Tizi-Ouzou	3.059	1873	
Dra-el-Mizan	2.233	1873	
Corso-el-Tahatani (agrandissement)	371	1874	
Oued-Madzoub (fermes)	424	1874	
Kouanin (fermes)	1.052	1874	
Bou-Faïma	1.097	1874	
Oued-Ghoul (fermes) et Téniet-el-Haâd	2.095	1874	
Issers-el-Ouïdan	598	1874	
Charon	2.147	1874	
Aomar	1.007	1875	
Aïn-Zaouïa	2.619	1875	
Tizi-Reniff	1.620	1875	
Bou-Khalfa	1.311	1875	
Beni-Slyem (hameau)	1.006	1878	

NOMS DES CENTRES	Superficie	DATE de la création ou de l'agrandissement	OBSERVATIONS
Meurad	1.473	1875	
Bou-Yersen (fermes)	819	1875	
Loverdo (Hassen-ben-Ali)	1.037	1875	
Dra-ben-Kedda (fermes)	2.546	1875	
Bordj-Boghni	1.230	1876	
Thiers (Oum-el-Alleg)	1.474	1876	
Bou-Garoun ou Bou-Haroun	1.240	1876	
Aïn-Bessem	3.910	1876	
Tablat	407	1876	
Warnier (Les-5-Palmiers)	1.265	1877	
Nador	843	1877	
Changarnier (Oued-Zeboudj)	856	1877	
Berrouaghia	575	1877	
Pont-de-l'Oued-Djer	518	1877	
Les-Trois-Palmiers	540	1878	
Ben-Chicao	586	1878	
Wattignies (Ouled-Abbés)	592	1878	
Vauban (Bir-Saf-Saf)	741	1878	
Rivet (agrandissement)	66	1878	
Hammam-Righa	999	1878	
Oued-Rouïna	820	1879	
Fort-National (agrandissement)	114	1879	
Tipaza (agrandissement)	125	1879	
Cavaignac	1.498	1880	
Fontaine-du-Génie	222	1880	
Littré (Les-Aribs)	1.279	1880	
Bertville (Aïn-bou-Dib)	2.025	1880	
Mekla	2.296	1880	
Kherba	2.472	1881	
Marceau	1.635	1881	

NOMS DES CENTRES	Superficie	DATE de la création ou de l'agrandissement	OBSERVATIONS
Khalloul	636	1881	
Carnot	3.185	1881	
Téniet-el-Haâd (agrandissement)	1.316	1881	
Villebourg	530	1881	
Marbot (Camp-des-Chênes)	345	1881	
Port-Gueydon (Azeffoun)	598	1881	
Pont-du-Caïd	1.541	1881	
Maillot (Souk-el-Tléta)	1.787	1882	
Fréha	1.670	1882	
Azazga	2.631	1882	
Mirabeau (agrandissement)	»	1882	
Margueritte (Le Zaccar)	549	1884	
Tamda	665	1884	
Taza	2.316	1887	
Flatters	1.786	1887	
Takedempt-Touabet	1.038	1887	
Ben-N'Choud	516	1887	
Lamartine	1.445	1888	
Yacouren	408	1888	
Tigzirt	812	1889	
Aboutville	1.297	1889	
Rabelais	1.256	1889	
Vialar	2.526	1890	
Hoche	1.175	1890	
Hammam-Righa (agrandissement)	490	1891	
Margueritte (agrandissement)	86	1891	
Oued-Fodda (agrandissement)	808	1891	
Letourneux	2.540	1891	
Bertville (agrandissement)	209	1891	

NOMS DES CENTRES	Superficie	DATE de la création ou de l'agrandissement	OBSERVATIONS
Bou-Medfa (agrandissement).......	518	1892	
Jean-Bart..........................	14	1892	Colonie maritime
Vauban (agrandissement)..........	626	1894	
Blad-Belgroun (fermes)............	180	1894	
Malakoff (agrandissement).........	670	1894	
Masséna..........................	1.436	1894	
Bourbaki..........................	3.366	1894	
Lamartine (agrandissement)........	597	1894	
Dutertre..........................	231	1894	
Lavigerie..........................	1.341	1894	
Warnier (agrandissement).........	357	1895	
Surcouf...........................	8	1895	Colonie maritime
Dupleix...........................	1.056	1896	
La-Pérouse........................	8	1897	Colonie maritime
Les-Attafs (agrandissement)........	352	1898	
Oued-Rouïna (agrandissement).....	816	1898	
Wattignies (agrandissement).......	237	1898	
Lavigerie (agrandissement).........	393	1899	

NOMS DES CENTRES	Superficie	DATE de la création ou de l'agrandissement	OBSERVATIONS
Département d'Oran			
Mostaganem (banlieue)	4.039	1841	
Mascara (banlieue)	5.109	1841	
Tlemcen	1.778	1842	
La-Sénia	635	1844	
Sidi-Chami	886	1845	
Misserghin	13.499	1845	
Arzew	6.274	1845	
Saint-Denis-du-Sig	12.542	1845	
Mers-el-Kebir, St-André, Ste-Clotilde et St-Gérôme	1.244	1846	
Mazagran	1.310	1846	
Ste-Barbe-du-Tlélat, Tafaroui et El-Hamoul	6.617	1846	
Ste-Léonie et Mouley-Magoun	1.639	1846	
La-Stidia	3.169	1846	
Nemours	2.221	1846	
Valmy	6.000	1848	
Arcole	4.948	1848	
Saint-Cloud, colonie agricole	4.686	1848	
Kléber id.	4.008	1848	
Mefessour id.	1.326	1848	
Saint-Leu, y compris Port-aux-Poules (colonie agricole)	3.124	1848	
Damesme (colonie agricole)	1.550	1848	
Fleurus id.	1.426	1848	
Assi-ben-Okba id.	3.557	1848	
Saint-Louis id.	2.963	1848	
Assi-b.-Ferréah id.	5.570	1848	
Assi-bou-Nif id.	2.048	1848	

NOMS DES CENTRES	Superficie	DATE de la création ou de l'agrandissement	OBSERVATIONS
Assi-Ameur (colonie agricole)......	1.270	1848	
Mangin id.	1.445	1848	
Rivoli id.	1.600	1848	
Aïn-Tédelès id.	1.900	1848	
Souk-el-Mitou id.	1.747	1848	
Aboukir id.	1.330	1848	
Aïn-Nouissy id.	1.980	1848	
Tounin id.	1.028	1848	
Négrier..........................	2.568	1849	
Bréa..........................	2.332	1849	
Sidi-bel-Abbès (banlieue)..........	8.204	1849	
Aïn-el-Turk......................	2.624	1850	
Bou-Sfer........................	3.908	1850	
Saint-André (de Mascara)..........	3.549	1850	
Saint-Hippolyte..................	555	1850	
Saf-Saf..........................	1.283	1850	
Mansoura........................	2.966	1850	
Hennaya.........................	2.722	1851	
Pont-du-Chéliff..................	1.890	1851	
Aïn-Sidi-Chérif..................	1.295	1851	
Aïn-Témouchent..................	1.159	1851	
Oued-el-Hammam.................	700	1851	
Blad-Touaria.....................	1.424	»	
Pélissier........................	3.468	1854	
Belle-Côte (Aïn-bou-Dinar).........	3.868	1854	
Bou-Tlélis.......................	4.054	1855	
Aïn-Khial et El-Bridj, hameau......	3.135	1855	
Prudon (Sidi-Brahim).............	2.287	1856	
Sidi-Lhassen.....................	3.208	1856	
Lourmel.........................	3.684	1856	
Relizane........................	10.627	1857	

NOMS DES CENTRES	Superficie	DATE de la création ou de l'agrandissement	OBSERVATIONS
Perrégaux avec Debrousseville et l'Habra	15.522	1858	
Aïn-el-Arba	3.427	1858	
Tenira	3.337	1858	
Hillil (L')	1.725	1859	
Rio-Salado	3.000	1859	
Er-Rahel	1.000	1859	
Ammi-Moussa	1.050	1859	
Mokta-Douz	17.253	1862	
Saïda	1.890	1862	
Palissy (Sidi-Khaled)	1.993	1863	
Les-Trembles, Zelifa et Oumata	4.470	1863	
Zemmora		1864	
Lamoricière	2.145	1869	
Pont-de-l'Isser	2.100	1869	
Inkermann	3.901	1870	
Magenta	5.990	1870	
Palikao	1.253	1870	
Chanzy (Sidi-Ali-ben-Youb)	574	1870	
Bouguirat	2.418	1871	
Mendez	2.082	1871	
Deligny (Zérouëla)	1.607	1872	
Ouled-Malah (fermes)	600	1872	
Tekbalet	1.309	1872	
Terny (hameau)	348	1872	
Palikao (agrandissement)	707	1872	
Saint-Aimé	4.308	1873	
Aïn-Fekan	434	1873	

NOMS DES CENTRES	Superficie	DATE de la création ou de l'agrandissement	OBSERVATIONS
Nazereg	1.027	1873	
Atela (fermes) et El-Melah	135	1873	
Aïn-Fezza (hameau)	528	1873	
Franchetti	739	1873	
Bosquet	1.284	1873	
Cassaigne	1.239	1873	
Aïn-Ouillis (hameau)	897	1873	
Oued-Taria	670	1873	
Guertoufa	1.252	1874	
Cacherou (fermes)	532	1874	
Mercier-Lacombe avec Mouley-Abd-el-Kader (hameau)	2.130	1874	
Chabet-el-Leham	3.262	1874	
Hammam-bou-Hadjar	3.455	1874	
Sirat	516	1874	
Froha	893	1874	
Sidi-Bakti	1.996	1874	
Slissen (hameau)	757	1875	
Bou-Henni	2.290	1875	
Aïn-el-Hadjar	1.700	1875	
Tifflès	916	1875	
Maoussa	1.149	1875	
L'Ouggaz	1.128	1875	
Hamadéna	830	1875	
Nouvion (El-Romri)	1.306	1875	
Sidi-Lhassem (agrandissement)	383	1875	
Arlal	2.109	1876	
Saint-Lucien	2.227	1876	
Tafaroui	885	1876	
Blad-Touaria (hameau)	497	1876	
Sahouria	1.840	1877	

NOMS DES CENTRES	Superficie	DATE de la création ou de l'agrandissement	OBSERVATIONS
Inkermann (agrandissement)........	3.362	1877	
Baudens (El-Kçar)..................	1.109	1877	
Tabia..............................	909	1877	
Charrier...........................	464	1877	
Bossuet (Daya).....................	666	1878	
Ferry (Oued-Djemàa)................	1.052	1878	
Baudens (El-Kçar) (agrandissement).	1.126	1878	
Tabia..............................	1.194	1878	
Boukhanéfis (agrandissement).......	637	1878	
Charrier (hameau du 40e kilomètre).	467	1878	
Ouïzert............................	691	1878	
Aïn-Ouïllis (agrandissement).......	706	1878	
Les-Silos..........................	1.884	1878	
Thiersville........................	2.031	1878	
Aïn-Farès..........................	1.062	1878	
Montagnac (Remchi).................	1.979	1879	
Matemore...........................	1.498	1879	
Thizy..............................	1.451	1879	
Rio-Salado (agrandissement)........	1.176	1879	
Bellevue id.	624	1879	
Inkermann id.	916	1879	
La-Tenira id.	1.141	1879	
Télagh.............................	3.519	1879	
Kenenda............................	212	1879	
Ammi-Moussa (agrandissement).......	891	1879	
Les-Trois-Marabouts................	1.687	1880	
Aïn-Khial (agrandissement).........	1.042	1880	
Hillil (L') id.	912	1880	
Er-Rahel id.	2.636	1880	
Tabia id.	886	1880	
El-Alef id.	974	1880	

NOMS DES CENTRES	Superficie	DATE de la création ou de l'agrandissement	OBSERVATIONS
Haïtia	955	1881	
Hammam-bou-Hadjar (agrandis[t])	641	1881	
Magenta (agrandissement)	5.290	1882	
Méchéria	3.596	1882	
Kreider	3.693	1882	
Aïn-Sefra	131	1882	
Bedeau (Ras-el-Mà)	75	1883	
Uzès-le-Duc (Fortassa)	1.882	1884	
Marhoum	2.923	1884	
Guertoufa (agrandissement)	386	1885	
Chabet el-Leham id.	878	1885	
Sidi-Khaled id.	1.689	1885	
Lamtar id.	2.955	1885	
Parmentier id.	2.578	1885	
Aflou (hameau)	225	1887	
Telagh (agrandissement)	840	1887	
Cacherou id.	210	1887	
El-Aricha	24	1888	
Palat (Mellakou)	3.500	1888	
Tassin	4.000	1889	
Chanzy (agrandissement)	534	1890	
Zemmora id.	238	1890	
Guiard	2.651	1890	
Deligny (agrandissement)	763	1890	
Lapasset	963	1890	
Petit-Port	221	1890	
Boulet	4.914	1890	
Fornaka	2.651	1891	

NOMS DES CENTRES	Superficie	DATE de la création ou de l'agrandissement	OBSERVATIONS
Hammam-bou-Hadjar (agrandissemt)	1.163	1891	
Tamzoura (agrandissement)........	901	1891	
Haïtia id.	131	1891	
Lavayssière (Sidi-Youssef)	3.620	1891	
Trumelet...........................	2.903	1892	
Hamadéna (agrandissement)........	260	1892	
Sebdou (agrandissement)...........	570	1893	
Guertoufa (2e agrandissement)......	687	1894	
Clinchant (agrandissement).........	758	1894	
Parmentier id.	668	1894	
Aïn-Fekan id.	401	1894	
El-Alef id.	1.261	1894	
Trézel................................	6.258	1894	
Frenda (agrandissement)...........	1.208	1894	
Oued-Taria (agrandissement).......	494	1895	
Turgot	2.206	1895	
Sidi-Ghalem (fermes)...............	395	1896	
Ferry (agrandissement).............	531	1896	
Charrier............................	245	1896	
Bou-Guetoub	1.051	1896	
Mendez (agrandissement)...........	365	1896	
Martimprey	2.311	1897	
Aïn-Farès (agrandissement)........	305	1897	
Turenne	1.317	1897	
Descartes	5.335	1898	
Tabia (agrandissement)	680	1899	
Baudens id.	1.402	1899	
Boukhanéfis id.	449	1899	
Lamtar id.	584	1899	
Bossuet (Daya) (agrandissement)...	584	1899	

NOMS DES CENTRES	Superficie	DATE de la création ou de l'agrandissement	OBSERVATIONS
Département de Constantine			
Bougie (banlieue)	5.679	1833	
Bône (banlieue)	9.892	1838-1848	
Philippeville (banlieue)	2.337	1841	
La-Calle avec Oum-Theboul	9.245	1842	
Saint-Antoine	3.531	1844	
Valée	8.930	1844	
Damrémont	1.850	1844	
El-Arrouch	1.621	1844	
Guelma (banlieue)	8.514	1845	
Duzerville	800	1845	
Aïn-Sfia	1.585	1846	
Sétif (banlieue)	2.509	1847	
Saint-Charles, Ed-Din	900	1847	
Condé-Smendou	1.057	1847	
Penthièvre	1.400	1847	
Bugeaud	997	1847	
Stora	6.923	1848	
Batna	16.000	1848	
Robertville et Sidi-Mesrich	2.640	1848	
Gastonville	2.405	1848	
Jemmapes, Sidi-Nassar, Ahmed-ben-Ali et Ras-el-Mâ	5.225	1848	
Mondovi	1.656	1848	
Barral	2.316	1848	
Héliopolis	2.086	1848	
Millésimo	2.420	1848	
Petit	2.080	1848	

NOMS DES CENTRES	Superficie	DATE de la création ou de l'agrandissement	OBSERVATIONS
Djidjelli	4.484	1842	
El-Hadjar	2.274	1851	
El-Anasser	1.192	1853	
Khalfoun	1.509	1853	
Mesloug	1.635	1853	
Fermatou	1.025	1853	
Aïn-Arnat	1.200	1853	
Coligny (Bouhira)	1.200	1853	
Mahouan	1.200	1853	
Messaoud	1.200	1853	
El-Ouricia	1.200	1853	
Aïn-M'lila	2.054	1854	
Oued-Atménia	10.106	1854	
Aïn-Smara	1.384	1854	
Ahmed-ben-Ali	1.709	1855	
Sidi-Nassar	1.624	1855	
Guelaat-bou-Sba	781	1856	
Oued-Touta	600	1856	
Bizot	465	1856	
Nechmeya	1.019	1857	
Duvivier	1.272	1857	
Echir-Saïd	1.750	1858	
Kroub et fermes	980	1859	
Lamblèche	1.148	1859	
Ouled-Rahmoun	1.092	1859	
Gastu	921	1860	
Saint-Arnaud	2.936	1862	
Fesdiss et Quessaïa	1.261	1862	
Lambèse	8.700	1862	

NOMS DES CENTRES	Superficie	DATE de la création ou de l'agrandissement	OBSERVATIONS
Oued-Zenati	4.619	1863	
El-Madher	2.229	1869	
Aïn-Melouk	2.908	1871	
Sidi-Khalifa (Alkirch)	1.569	1871	
La-Réunion	3.366	1871	
Rouffach	3.602	1872	
Bled-Youssef	1.976	1872	
Bou-Malek	2.106	1872	
Saint-Donat avec Merdj et Harris, fermes	5.337	1872	
La-Robertsau	2.126	1872	
Aïn-Roua	2.016	1872	
Aïn-Abessa	4.851	1872	
El-Kseur	3.363	1872	
Oued-Amizour	5.559	1872	
Aïn-Touta	992	1872	
Akbou	3.255	1872	
Guettar-el-Aïch	4.552	1873	
Châteaudun-du-Rhumel	3.342	1873	
Coulmiers (Moulin Gassiot)	1.260	1873	
Navarin (Bir-el-Arch)	5.514	1873	
Bled-Ghaffar	440	1873	
Aïn-Tagrout	2.155	1873	
Cheddia	1.315	1873	
Strasbourg	3.684	1873	
Aïn-Tinn	1.915	1874	
Sidi-Merouane	2.711	1874	
Bou-Foua	954	1874	
Zéraïa	4.151	1874	
El-Aria	685	1874	
Aïn-Cherchar	2.440	1874	

NOMS DES CENTRES	Superficie	DATE de la création ou de l'agrandissement	OBSERVATIONS
Lannoy (Djendel)	1.970	1874	
Faucigny	1.943	1874	
Bordj-Medjana	3.125	1874	
Sidi-M'Bareck	4.622	1874	
Il-Maten	992	1874	
Azzeba	1.002	1874	
Khenchela	2.187	1874	
Sidi-Aïch	390	1874	
Laverdure	1.778	1874	
Seraghna	1.403	1875	
Redjas-el-Ferada	2.662	1875	
Aïn-Sultan	3.159	1875	
Bir-Kasdali	3.130	1875	
El-Anasseur	2.000	1875	
Tazmalt	3.308	1875	
Ighzer-Amokran (fermes)	2.297	1875	
Duquesne	2.508	1875	
El-Ghedir	928	1876	
45e kilomètre	650	1876	
Boudaroua	1.237	1876	
Pont-de-Duvivier	373	1876	
Cheraïa	2.156	1876	
Oued-Cham	4.926	1876	
Aïn-Seynour	3.664	1876	
Zerizer	1.637	1878	
Morris	1.617	1878	
Taher	3 908	1878	
El-Achir	3.030	1878	
Bel-Imour	2.927	1878	
Chénia	1.915	1878	
Kerrata	1.652	1878	
Tizi-N'Béchar	93	1878	
Sigus	1.910	1878	

NOMS DES CENTRES	Superficie	DATE de la création ou de l'agrandissement	OBSERVATIONS
Robertville (agrandissement).......	360	1878	
Amoucha..........................	1.983	1878	
Sidi-Mesrich......................	1.367	1880	
El-Gara..........................	1.336	1880	
Rouached.........................	3.442	1881	
Kercha...........................	4.805	1881	
Aïn-Abd-el-Bey...................	3.541	1881	
Lecourbe (Ouled-Aglà).............	3.124	1881	
Nechmeya et Penthièvre (agrandis[t]).	990	1881	
Héliopolis........................	86	1881	
Gastonville.......................	340	1881	
Bordj-R'dir.......................	3.116	1881	
Bordj-bou-Arréridj................	2.640	1881	
Zarouria.........................	3.488	1881	
Chekfa...........................	2.895	1881	
Combes (Merdès)...................	1.872	1881	
Tiberguent.......................	2.588	1881	
El-Milia..........................	61	1882	
Seddouk..........................	2.825	1883	
Pasteur (Seriana).................	1.883	1883	
Siliana..........................	1.602	1883	
Hamala...........................	1.360	1883	
Grarem...........................	2.107	1883	
Aïn-Yagout.......................	2.704	1884	
Fontaine-Chaude..................	1.946	1884	
Blandan (El-Biar).................	1.730	1884	
Grarem (hameau)...................	1.400	1885	
Aïn-Fakroun......................	1.941	1886	
Beni-Guécha......................	3.044	1886	
Renier (Smala-ben-M'rad)..........	4.777	1886	
Roum-es-Souk.....................	1.659	1887	
Yusuf (Aïn-Assel).................	1.483	1887	

NOMS DES CENTRES	Superficie	DATE de la création ou de l'agrandissement	OBSERVATIONS
Périgotville	4.292	1889	
Zouit	786	1889	
Lacroix (El-Aïoun)	2.548	1890	
Le-Tarf	1.880	1890	
Sedrata	3.697	1890	
Aïn-Trab	399	1890	
Youks-les-Bains	3.961	1890	
Bordj-bou-Arréridj (agrandissement)	597	1891	
Aïn-Abessa id.	482	1891	
Faucigny id.	546	1891	
Herbillon id.	110	1891	
Colbert	919	1891	
La-Medjana (agrandissement)	795	1891	
Blondel id.	611	1891	
Texenna	169	1891	
Navarrin (agrandissement)	1.072	1891	
Tocqueville	9.776	1892	
Aïn-Abid (agrandissement)	915	1894	
Lafayette	1.156	1894	
Montcalm	3.404	1894	
D'Armandy	397	1895	
Toustain	1.067	1896	
Munier	1.793	1896	
Rivière	1.477	1896	
Morsott	176	1896	
Clairfontaine	150	1896	
Ampère	3.635	1897	
M'sila	10	1897	
Chevreul	4.949	1898	
Lapaine	1.009	1899	
Davout	2.579	1899	
La-Barbinais	2.719	1899	
Gounod	1.617	1899	

DÉPARTEMENT D'ALGER

Centres et groupes de fermes créés ou agrandis de 1920 à 1921 inclus

DÉSIGNATION des territoires colonisés (C. Centres, F. Fermes)		Création	1er Agrandissement	2e Agrandissement	Anciens noms	Observations
Aïn-Boucif.............	C	1919				
Aïn-N'Sour (Station estivale).		1909				
Arthur		1921				
Ben-Chicao	C		1909			
Boghni	C		1906			
Bordj-Ménaïel	C		1910			
Borély-la-Sapie........	C		1905			
Bougainviile...........	C	1914				
Bou-Haroun (Village de pêcheurs)............		1911				
Bourbaki	C		1912			
Bourlier	C	1904				
Brazza.................	C	1906				
Burdeau	C	1904				
Champlain..............	C	1921				
El-Esnam...............	C		1902			
El-Marsa	C	1912				
Flatters................	C		1912			
Fontaine du Génie.....	C		1900			
Francis-Garnier........	C	1911			Beni-Haoua	
Fromentin.............	C		1907			
Hanoteau..............	C		1907			
Hardy..................	C	1909				
Horace-Vernet.........	C		1904			
Keddara et Bou-Nassan	C	1905				

DÉSIGNATION des territoires colonisés (C. Centres, F. Fermes)		Création	1er Agrandissement	2e Agrandissement	Anciens noms	Observations
Kherba	C		1902			
Le Puits	F	1906				
Letourneux	C		1919			
Levacher	C	1900				
Liébert	C	1906				
Loverdo	C		1902			
Masqueray	C	1907				
Masséna	C		1912			
Molière	C	1906				
Moudjebeur	C	1908	1919			
Nelsonbourg	C	1910				
Novi	C		1900			
Paul Robert	C	1910			Taougrit	
Pont-du-Caïd	C		1920			
Pointe-Rouge	C	1909				
Rabelais	C		1919			
Taine	C	1906				
Tamda	F		1905			
Taougrit	C	1910				
Taza	C		1908			
Tessala	F	1905				
Tizi-N'Tléta	F	1906				
Victor Hugo	C	1906				
Voltaire	C	1903				
Zenakra-el-Gourt	F	1920				

DÉPARTEMENT D'ORAN

Centres et groupes de fermes créés ou agrandis de 1900 à 1920 inclus

DÉSIGNATION des territoires colonisés (C. Centres, F. Fermes)		Création	1er Agrandissement	2e Agrandissement	Anciens noms	Observations
Abdellys (Les)	C	1907				
Aïn-Dzarit	C	1912				
Aïn-el-Arba	C		1907			
Aïn-Tindamine	C	1902				
Bedeau	C		1906			
Berthelot	C	1910				
Bosquet................	C		1901			
Bou-Hadjar............	F	1911				
Bou-Hanifia (hameau industriel..............		1919				
Boutin.................	C	1900				
Chanzy	C		1905			
Chouachi	F	1909				
Deligny	C		1900			
De Malherbe...........	C		1905		Arlal	
Descartes..............	C		1908			
Diderot	C	1911			Oued-Lili	
Dombasle	C	1900				
El Abiod Sidi Cheikh...	C	1901				
Faidherbe..............	C	1912			Aïn-Kerma	
Guiard	C		1904			
Guillaumet	C	1908				
Hammam-bou-Hadjar..	C		1906			
Kenenda...............	C		1912			
Laferrière	C		1902			

DÉSIGNATION des territoires colonisés (C. Centres, F: Fermes)		Création	1er Agrandissement	2e Agrandissement	Anciens noms	Observations
Lavayssière	C		1908			
Marhoum	C		1912			
Martimprey	C		1904	1919		
Mellinet	C		1906			
Mezaourou	F	1912				
Montgolfier	C	1905				
Mouïla	F	1912				
Muley-Ismaël	F	1914				
Ouarizane	C	1909				
Oued-Sebbah	F	1909				
Pomel	F	1905			Torrich et Guartoufa	
Pont-de-l'Isser	C		1906			
Prévost-Paradol	C	1902				
Rochambeau	C		1904	1919		
Roumélia	F	1919				
Sebdou	C		1919			
Sidi-Bakti	F	1911				
Sidi-Lhassen			1902			
Slissen	C		1904	1921		
Sully	C	1905				
Tadjemout	F	1912				
Taourira	F	1909				
Télagh	C		1906			
Ténézera	C	1919				
Ternanèche (hameau industriel		1919				
Tirman	C		1906			

DÉSIGNATION des territoires colonisés (C. Centres, F. Fermes)		Création	1er Agrandissement	2e Agrandissement	Anciens noms	Observations
Touazizine	F	1919				
Trembles (Les)	C		1906			
Trumelet	C		1906			
Turenne	C		1905			
Turgot	C		1906			
Wagram (hameau industriel)		1904				
Waldeck-Rousseau	C	1906			Mécheria-El-Khil	
Zégla	C	1919				

DÉPARTEMENT DE CONSTANTINE

Centres et groupes de fermes créés ou agrandis de 1900 à 1921 inclus

DÉSIGNATION des territoires colonisés (C. Centres, F. Fermes)		Création	1er Agrandissement	2e Agrandissement	Anciens noms	Observations
Adekar-Kebouch	C	1909				
Aïn-Babouch	C	1907				
Aïn-El-Bey	C	1912				
Aïn-Fakroun	C		1909			
Aïn-Kercha	C		1909			
Aïn-Tagrout	C		1906			
Aïn-Turc	F	1908				
Amouchas	F	1906				
Ampère	C		1903		Aïn-Azel	
Arago	C	1911				
Attalten	F	1911				
Auguste-Comte	C	1912			Baghaï	
Auribeau	C		1904			
Bayard	C		1904			
Béhagle	C	1904				
Bekkaria	C	1911				
Bellaâ	C	1912				
Beni-Abbi	F	1919				
Beni-Hamid	C		1908			
Bernelle	C	1902				
Berriche	C	1919				
Bertcaux	C	1909			Ouled-Hamla	
Bir-Djedida	F	1907				
Bir-Haddada	F	1906				

DÉSIGNATION des territoires colonisés (C. Centres, F. Fermes)		Création	1er Agrandissement	2e Agrandissement	Anciens noms	Observations
Bir-Kasdali	F	1911				
Bir-Manton	F	1912				
Bled-Youssef	F	1906				
Blondel	C		1911			
Bordj-bou-Arréridj	C		1909			
Bordj-R'Dir	C		1908			
Bouncchada	F	1909				
Canrobert	C		1904			
Catinat	C	1906				
Cavallo	C	1901				
Cérez	C		1906			
Chemora	C	1914				
Chettaba	F	1906				
Colbert	C		1904			
Candorcet	C	1911			Oued-Hamla	
Corneille	C	1902				
Davout	F		1908			
Edgar-Quinet	C	1911			Foum-el-Gueiss	
El-Achir	C	1911				
El-Milia	C		1905			
El-Oussaf	C	1912				
Enchir-Saïd	C		1912			
Enchir-Souma	F	1912				
F'Krina	C	1920				
Foum-Toub	C	1912				
Foy	C		1904			

DÉSIGNATION des territoires colonisés (C. Centres, F. Fermes)		Création	1er Agrandissement	2e Agrandissement	Anciens noms	Observations
Galbois	C		1908			
Gambetta	C	1906				
Gastu	C		1908			
Gherazla	F	1914				
Gounod	C		1910			
Hannencha	F	1912				
Jemmapes	C		1904			
Khenchela	C		1907			
Ksar-Sbahi	C	1906				
La Barbinais	C		1908			
Lafayette	C		1914			
Lamy	C	1904			Bou-Hadjar	
Lannoy	C		1904			
Lapaine	C		1905			
La Réunion	C		1912			
Lavoisier	C		1908			
Lecourbe	C		1908			
Le Tarf	C		1905			
Levasseur	C	1911			Aguedel-el-Beylik	
Lucet	C		1911			
Macdonald	F	1912				
Medjadja	F	1909				
Médina	F	1906				
Meghafsa	C	1900				
Merdj-el-Kébir	F	1902				
Montaigne	C	1900				

DÉSIGNATION des territoires colonisés (C. Centres, F. Fermes)		Création	1er Agrandissement	2e Agrandissement	Anciens noms	Observations
Montcalm	C					
Montesquieu	C	1900	1908			
M'Rabot-Moussa	F	1912				
M'Raouna	F	1914				
M'Sila	C	1920				
N'Gaous	F	1912				
Oued-Amizour	F					
Ouled-Driss	F	1913	1907			
Ouled-Zoulaï	F	1912				
Pascal	C	1904				
Pasteur	C	1901				
Périgotville	C		1906			
Ras-el-Aïoun	C	1911	1909			
Ras-el-Akba	C					
Redjas Zéraïa	F	1907	1901			
Robe	C	1906				
Roknia	C	1906				
Rouget-de-l'Isle	C	1919			Ouled-Sellem	
Saint-Donat	C					
Sakrania	C	1906	1911			
Sidi-Mançar	C	1921				
Sidi-M'Barek	C	»				
Sidi-Mesrich	F	1908	1908			
Sillègue	F	1905				
Tarf (Le)	C					
Teffaâh	F	1911	1905			
Tella	F	1914				

DÉSIGNATION des territoires colonisés (C. Centres, F. Fermes)		Création	1er Agrandissement	2e Agrandissement	Anciens noms	Observations
Tiberguent	C					
Tixter	C	1906	1911			
Tocqueville	C					
Victor Duruy	C	1911	1909		Oued-Chaba	
Youks-les-Bains........	C					
Zarar..................	F	1909	1908			
Zénatia	F	1912				
Ziama-Mansouriah.....	C	1905				

LA COLONISATION OFFICIELLE EN ALGÉRIE

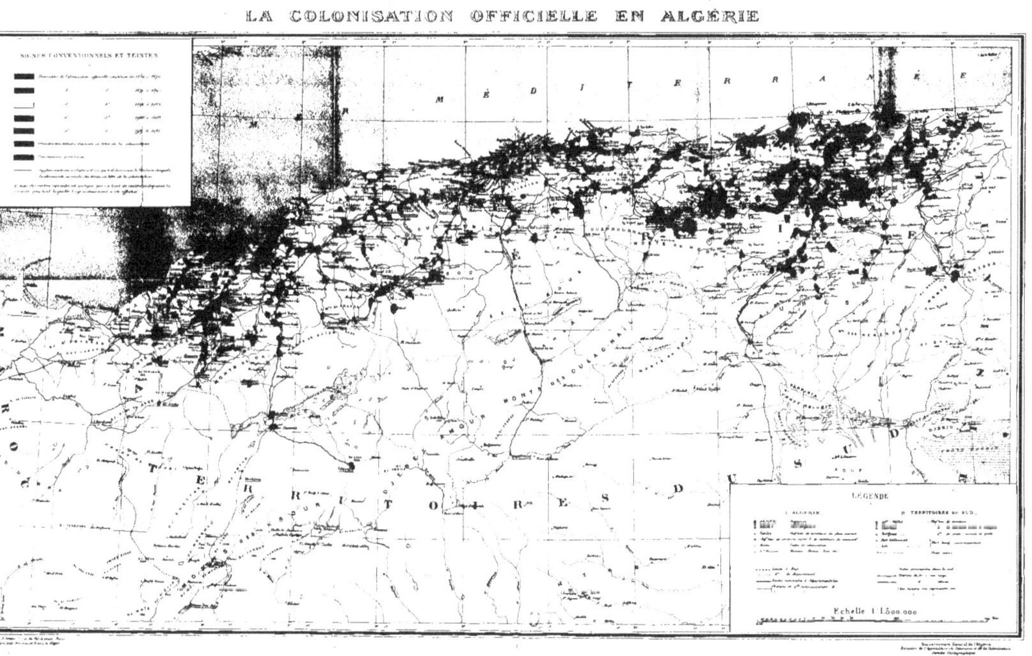

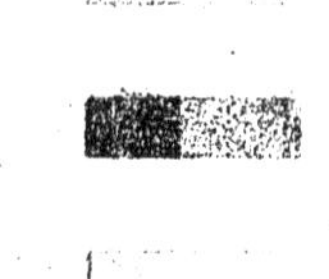

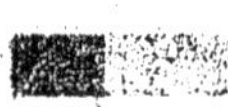

www.ingramcontent.com/pod-product-compliance
Ingram Content Group UK Ltd.
Pitfield, Milton Keynes, MK11 3LW, UK
UKHW021558260726
13993UKWH00002B/908

9 782329 210964